DERECHO INMOBILIARIO MEXICANO

Principios Jurídicos para el Emprendedor Inmobiliario

Nueva Edición

Edición 2023

ISBN: 9798386069230

ÍNDICE

Contenido

INTRODUCCIÓN

En esta nueva edición corregida, se abordan los principios jurídicos en el Derecho Positivo Mexicano que todo emprendedor inmobiliario debe conocer sin ser abogado o licenciado en Derecho. Contratos, juicios especiales de desahucios, juicios de sucesión legitima, rescisiones de arrendamiento, prescripciones adquisitivas, juicios administrativos en contra de las expropiaciones de terrenos y casas por parte del Gobierno Federal, son expuestos con un lenguaje practico y entendible para toda persona que desee emprender en el negocio de los bienes raíces.

Los tiempos de hoy, exigen que el emprendedor inmobiliario este capacitado en distintas áreas de las Bienes Raíces. La inteligencia artificial está revolucionando nuestra vida diaria y en los países como España comienza a integrarse a funciones inmobiliarias, como la certificación de fedatarios públicos en escrituras y credenciales de identificación los cuales servirán para verificar la autenticidad de personas o documentos ante la duplicidad que puede generar la Inteligencia Artificial.

Ya no se trata de solo vender casas y ganar dinero. Los fraudes inmobiliarios en distintos ámbitos como el crimen organizado o funcionarios de gobierno corruptos crecen en redes sociales, en empresas inmobiliarias o asesores que después desaparecen estafando a las personas. Los tiempos de hoy exigen que los emprendedores inmobiliarios estén actualizados para proteger a sus clientes.

Existen muchos asesores inmobiliarios que pierden clientes, y excelentes comisiones por no conocer los requisitos legales que se necesitan para vender una casa. Pensar que el Notario Público se encargará de reunir la documentación, mientras que ellos solo están enfocados en el cierre de la venta, es una de las equivocaciones que comete la mayoría. Es más cara una mala asesoría a nuestros clientes que tratar de recuperar la confianza como profesionales inmobiliarios. Es muy obvio de entender por qué la gente busca a inmobiliarias de renombre o empresas reconocidas.

En mi experiencia como abogado he visto agentes inmobiliarios promoviendo la venta de casas con escrituras que están intestadas o con contratos privados que no han sido inscritos en el Registro Público de la Propiedad o Comercio. Por lo que, al momento de cerrar la venta, se viene abajo porque no reúnen los requisitos legales ante el Notario Público, y contratar los servicios de éste para que solucione el obstáculo jurídico puede resultar muy caro. Algunos de estos trámites pueden ser hechos por el profesional inmobiliario teniendo los conocimientos; por ejemplo, la inscripción de un contrato privado de compra venta o de donación de una casa o terreno ante el Registro Público de la Propiedad y Comercio no es necesario ser licenciado en Derecho. En una casa intestada basta contratar los servicios de un abogado para que abra la Sucesión Intestamentaria y se nombre un albacea para lograr la venta.

En esta guía de Derecho Inmobiliario, se abordan principios jurídicos para el emprendedor inmobiliario; los conocimientos y las herramientas para saber que decisiones legales tomar en las operaciones que realices a favor de tus clientes, para poder prevenir conflictos. La clave para un juicio, está en leer y comprender. Ahí está la respuesta.

Sobre el autor. José Manuel Armenta, es alumno egresado de la Universidad Autónoma del Estado de Guerrero, graduado en la licenciatura de Derecho.

Estudió el Diplomado de Derecho Inmobiliario en la Universidad de Estudios de Posgrado en Derecho, con el Doctor Othón Pérez Fernández del Castillo, maestro con mención honorifica de la Universidad Nacional Autónoma de México, y fundador de la catedra de Derecho Notarial, y Registral, a nivel licenciatura y doctorado.

Fue titular del programa de radio "Las Cosas Derechas" en Radio y Televisión de Guerrero; asesorando a la ciudadanía sobre como ejercer sus derechos.

Es autor del blog "Asesoría Legal Inmobiliaria". Donde escribe artículos relacionados con el Derecho Inmobiliario.

Como abogado civilista, ha representado legalmente a empresas, agencias inmobiliarias y familias en estados como Guerrero, Morelos, Baja California Sur y Baja California en materia de contratos sobre bienes inmuebles y juicios inmobiliarios.

Recuerdo al Doctor Néstor de Buen, si no el mejor abogado laborista en todo México, el más destacado; que solía escribir una columna en el Diario La Jornada; en mi mente quedó grabada una de las respuestas cuando un cliente le sugirió sobornar a un Juez: "Estudié y me preparé para ser un abogado, no para corromper gente". Además de catedrático en la Universidad Nacional Autónoma de México, fue inventor de la Argomasa o Argamasa. El abogado que no sabe defender los derechos de sus representados, con las herramientas que la Ley nos otorga, no es un abogado

La presente obra es una recopilación de mi experiencia como abogado, donde tuve la oportunidad de representar a empresas y personas relacionadas con juicios inmobiliarios, contratos, arrendamientos, escrituraciones, hipotecas, despojos, herencias, cesiones de derechos. Asuntos y casos, que fueron llevándome a razonar, (en mi humilde criterio), a comprender la naturaleza jurídica para encontrar soluciones prácticas a juicios inmobiliarios.

Quiero dedicar el presente libro, en honor a mis padres, el Contador José Armenta Solís, y la Maestra Manola Peredo Bailón. En agradecimiento a mi primo y maestro el Licenciado Nazarín Vargas Armenta por su apoyo en nuestra máxima casa de estudios, la Universidad Autónoma de Guerrero.

CAPÍTULO I

FRAUDES INMOBILIARIOS POR INTERNET

Es común ver la oferta de venta de casas en páginas de *Facebook, Reddit, Instagram, o Tik Tok*. Estas supuestas financieras, inmobiliarias, o hipotecarias, promueven la venta de casas, ya sea adjudicadas o remates bancarios donde a través del llenado de un formulario; los interesados se registran para solicitar informes y un vendedor se pone en contacto, enviando las instrucciones y requisitos para adquirir la propiedad. La mayoría de ellos ofrecen contratos muy bien redactados con una ficha inmobiliaria con excelentes fotografías asegurando que la compra venta se hará ante un Notario Público o igual se puede expedir factura si él cliente lo requiere.

Después de haber enviado a la persona interesada las características de la propiedad con sus especificaciones, casi siempre piden un primer pago, un anticipo en línea o por transferencia electrónica para iniciar el trámite de apartado de la casa para firmar el contrato de compra venta.

Antes de firmar un contrato, siempre es importante pedir al vendedor o la empresa inmobiliaria, la Partida Registral y el nombre del propietario. Con estos datos podrás consultar el estado legal de la propiedad en el Registro Público de la Propiedad y el Comercio. Recordemos que la Partida Registral es el número con el que se identifica una propiedad, así como las veces que se ha vendido. Con ella se podrá verificar si existe la propiedad con el domicilio indicado y también si pertenece a nombre del propietario. En caso de ser terreno ejidal, se debe de acudir al Registro Agrario Nacional y comprobar si pertenece al ejido y su calidad de Parcela, Asentamiento Humano o Propiedad Privada. En la Ley Agraria, las Parcelas no pueden ser vendidas, ya que son indivisibles.

Toda la situación legal de cualquier propiedad se debe comprobar ante el Registro Público de la Propiedad y el Comercio. ya sea si está hipotecada, o está siendo pagada a alguna institución bancaria, o al Infonavit. Si se encuentra embargada o en remate o está siendo adjudicada, o también simplemente si no existe.

La Partida Registral siempre debe aparecer en el contrato de Compra Venta de una propiedad.

Una vez fui consultado por una clienta sobre la compra de una casa adjudicada a precio de oportunidad a través de una cesión de derechos. La oferta la había encontrado en *Facebook*. Ella estaba interesada en la compra de la casa, por lo que se puso en contacto con la empresa y una vendedora le brindó la información y los pasos a seguir; entre ellos estaba el depósito o anticipo para firmar el contrato; diciéndole que toda la información de la casa se le daría una vez firmado el contrato y habiendo pagado el anticipo. Como era una adjudicación se supone que debe haber un juicio ante un Juez Civil por lo que al pedirle que le requiriera a la vendedora, el número de expediente, la sentencia o cualquier información legal de la casa, la vendedora solo envió el contrato y la captura de una pantalla con un numero de control interno. Lo cual no tiene ninguna validez legal para una translación de dominio

Existen contratos de cesiones de derechos de créditos, de deudas, de posesión de terrenos o casas, cesiones de Derechos Hereditarios. Mayormente las ofertas de cesiones de derechos de venta de casas en Internet son Cesiones de Derechos Litigiosos. En pocas palabras estás comprando a través de un juicio. Como inversionista, recuerda que debes saber en qué estado o etapa se encuentra el juicio, si ya se dictó sentencia o si tiene apelación. Recuerda que la Ley permite defendernos o continuar un juicio hasta últimas instancias, llegar incluso hasta la Suprema Corte de Justicia de la Nación, por lo que puede prolongarse por mucho tiempo, y eso implica dinero y tiempo.

Como profesional inmobiliario es importante que estés informado de la situación legal de la casa o terreno, así como haber verificado la identidad de la persona que cede los derechos y obligaciones, para evitar ser víctima de engaños o cómplice de un *cyberfraude* inmobiliario. Muchas personas que no estaban bien informadas resultaron engañadas y estafadas por contratos que no tienen validez jurídica alguna.

Según la Asociación Mexicana de Profesionales Inmobiliarios, se perdieron 600 millones de pesos en estafas inmobiliarias. Familias y particulares fueron engañados con la venta de casas con escrituras falsas ¿El error? La mayoría de los asesores Inmobiliarios no tienen los conocimientos legales para detectar un fraude inmobiliario por internet.

Los tiempos de hoy exigen que los asesores inmobiliarios, estén actualizados para proteger a sus clientes de los crecientes fraudes virtuales.

Capítulo II

LA TIERRA PERTENECE A LA NACIÓN

El Derecho Inmobiliario, abarca el Derecho Privado, (Derecho Civil, Laboral, Penal, Mercantil, Corporativo), el que rige a los particulares, las personas y sus transacciones y actos. Y el Derecho Público, el que rige al Gobierno, los Organismos Públicos, Instituciones de Gobierno (Derecho Agrario, Administrativo, etc.).

Su fundamento puede abarcar materias desde el Derecho Penal cuando se interponen Denuncias por Despojo de Inmuebles o Fraude por Compra Venta Irregular de Casas o Propiedades. El Derecho Agrario, también es parte del Derecho Inmobiliario porque se estipulan las adquisiciones de la tierra a través de los ejidatarios, donde los documentos que otorga el Estado, respaldan dichas tierras a las cuales se les llama Títulos de Propiedad, a diferencia de los Contratos o Escrituras que los Notarios Públicos otorgan mediante la Fe de los actos jurídicos que las personas realizan.

El Derecho Administrativo, también es parte del Derecho Inmobiliario, cuando se interponen demandas y amparos en contra de la Expropiación de Inmuebles decretadas por el Gobierno Federal a través de los Gobiernos

Estatales. El Derecho Administrativo, se encarga de regular la organización y fundamento de la Administración Pública Federal y Local, centralizada y descentralizada, por lo que sería lo relativo a los bienes nacionales, los cuales actualmente se rigen bajo la Ley de Extinción de Dominio, la Ley General de Bienes Nacionales, la cual establece capítulos dentro de la administración de Inmuebles, como lo es el sistema de Administración Inmobiliaria Federal y Paraestatal, o la disposición expresa de que los inmuebles adquiridos en el extranjero se regirán por los tratados internacionales entre otros.

Inclusive el Derecho Marítimo, podría llegar a ser parte del Derecho Inmobiliario, ya que las propiedades adquiridas cerca del mar, generalmente tienden a extenderse con el retiro de las aguas a través del tiempo. Muchas Escrituras Públicas, o Títulos de Propiedad, contienen declaraciones o cláusulas en las cuales se dice "Propiedad a cincuenta metros del mar".

Lo anterior puede servir para delimitar las ramas donde se extiende el Derecho Inmobiliario.

"El Derecho Inmobiliario comprende todas las normas positivas que rigen el nacimiento, adquisición, modificación, transmisión y extinción de los derechos de propiedad y sus desmembraciones y gravámenes sobre bienes inmuebles, y en especial la publicidad necesaria para completar los negocios jurídicos erga omnes sobre los derechos anteriores" [1]

Nuestra Constitución Política Mexicana, en su artículo 27, lo define de la siguiente manera: "La propiedad de las tierras y aguas comprendidas dentro de los límites del territorio nacional, corresponde originariamente a la Nación, la cual ha tenido y tiene el derecho de transmitir el dominio de ellas a particulares, constituyendo la propiedad privada. La nación tendrá en todo tiempo, el derecho de imponer a la propiedad privada las modalidades que dicta el interés público, así como el regular, en beneficio social, el aprovechamiento de los elementos naturales, susceptibles de apropiación, con objeto de hacer una distribución equitativa de la riqueza publica, cuidar su conservación, lograr el desarrollo equilibrado del país y el mejoramiento de las condiciones de vida de la población rural y urbana…"[2]

Es decir que toda la tierra, que se encuentra dentro de nuestro país, es propiedad de la Nación, y es a través de la Nación (Gobierno, Instituciones, Registro Público, Ayuntamientos Públicos, Catastro), se certifica y entrega el derecho de propiedad a una persona. Cualquier asentamiento, invasión de buena o mala fe, compra venta, donación, solo tiene validez legal a través del Estado.

El inmueble es toda aquella cosa, que, por su naturaleza, no puede ser trasladada: inmóvil. Pero sus derechos, denominados "Derechos Reales" si pueden ser transmitidos a través de los mecanismos legales correspondientes.

Los bienes inmuebles son las cosas inamovibles, a los cuales se les clasifica por:

1.- <u>Por su naturaleza:</u> como el suelo, la tierra, una parcela. A los cuales puede incorporárseles, las flores, los árboles, productos que de acuerdo a las leyes de la misma naturaleza se dan. De manera artificial, y por voluntad humana, se le puede incorporar edificios, casas, condominios a ese pedazo de tierra o suelo.

2.- <u>Por su destino:</u> Para fines agrícolas, campos de siembra y cultivos de semillas, plantas, árboles frutales etc. Para fines civiles, la construcción de una casa, edificio, condominio. Para fines industriales, construcción de fábricas, maquiladoras, acereras etc. Para fines comerciales, plazas, conjuntos residenciales, parques temáticos, autopistas de carreras, aeropuertos etc.

3.- <u>Por su objeto:</u> los derechos reales que posee la propiedad.

4.- Por las personas a quienes pertenecen: Del dominio público, los edificios y construcciones realizadas pertenecen a la Federación, los Estados, los municipios. Y que son para el uso común, como los son los hospitales públicos, oficinas de gobierno federales, estatales y municipales, Áreas Marítimas. Bienes Inmuebles que son exclusivos del Estado y que su destino es para un servicio público, son inalienables (nadie más los puede adquirir, no están a la venta) e imprescriptibles (que su uso no tiene fin, ni tiene tiempo determinado, porque pueden perdurar por generaciones.

De Propietarios Particulares, como lo son hoteles, hospitales privados, estadios de deportes, plazas comerciales, casas, terrenos, departamentos, oficinas.

De Propiedad Social, como lo son los Ejidos, Comunidades, Parcelas,

5.- Por su Permanencia: Los cuales pueden ser consumibles, los cuales son perecederos y se pierden. no consumibles, como lo son las tierras y áreas marítimas.

6.- Por su Apropiación: Bienes inmuebles que están dentro del comercio, como se mencionó anteriormente, que pertenece a los particulares y los que están fuera del comercio, como los son los edificios que son de servicio público y pertenecen al Estado.

7.- Por su fraccionamiento, los cuales son divisibles, aquellos que se pueden dividir y lotificar, y los indivisibles, los que no se pueden dividir como el mar, mantos acuíferos, espacios aéreos.

8.- Por su conservación: Los bienes mostrencos, aquellos objetos de cualquier naturaleza, que se encuentre abandonado y se ignore el dueño. Y los vacantes, todas aquellas casas, terrenos, parcelas, los cuales no tengan un dueño cierto y conocido.

9.- Por su valor, principales y accesorios.

10.- Por su naturaleza, Corpóreos, aquellos que son tangibles y físicos y los intangibles como los derechos reales, el espacio aéreo, el espectro radio acústico y frecuencias.

11. Por su ubicación; Rústicos, aquellos que se encuentran en campos, ejidos, parcelas. Y urbanos, aquellos que se encuentran en las ciudades, metrópolis, zonas conurbadas.

MANERAS DE ADQUIRIR LOS DERECHOS DE UNA CASA O TERRENO

1.- La adquisición a través del modo originario.

A través de la ocupación de un terreno que nunca ha sido poseído, habitado, cultivado, o pertenecido a alguna persona se le considera que la persona que lo posee lo está adquiriendo desde lo más básico. A esto se le considera la Adquisición por el modo originario. Lo que da origen, el comienzo de la posesión y el dominio.

La adquisición a través de la Accesión. - El propietario de una cosa principal, hace suyo lo que ella produce, como lo son los campos de cultivos, los criaderos de pescados. Las construcciones adheridas a través del tiempo, es la extensión del dominio, la extensión de aquello de lo que uno es dueño.

Aquellos bienes que se les incorpora un beneficio natural. Ejemplo, las casas que son adquiridas cerca del mar, con el paso del tiempo, las aguas se van retirando, si en el contrato, la Federación menciona que el terreno o el predio comprende que su superficie, se encuentra ubicada a doscientos metros del mar, el retiro de las aguas, hará extender su propiedad. Será natural, cuando a través del acreciento natural de los predios en virtud del material depositado por la corriente de un rio. Por el crecimiento de una isla, o mutarse el curso de un rio originando un nuevo fundo ribereño. Todo aquel que por causas de la naturaleza se expande su territorio.

Artificialmente. Cuando a un terreno, se le agrega sembradíos, un conjunto de condominios, casas, plazas comerciales.

La adquisición por medio del Alluvio. - Cuando intervienen las aguas, de manera que a un fundo ribereño, se le van agregando capas de arena, sedimentos, piedras, que van desprendiéndose de otro fundo.

La adquisición por medio del Avulsio. - Cuando interviene, la flora, donde a un fundo ribereño, manglares, adquiere plantas que se desprenden de otro y que arraigan en el.

La adquisición por medio del Adjuntio. -Se da la accesión a favor del propietario del principal. Hilos que se añaden a un tejido, partes metálicas soldadas, los tintes de una pintura, ornamentos.

2.- La Adquisición a través del modo derivado.

Contratos: A través de particulares que convienen a través de declaraciones y cláusulas, el transmitir los derechos reales de un inmueble. Existen infinidad de Contratos por los cuales se puede adquirir una casa, terreno, departamento, oficina etc. Los más comunes son la Compra-Venta, Donaciones, Cesiones de Derechos, Promesas de Compra Venta.

La compra venta: Es un contrato por el cual, el vendedor de una casa o terreno, transfiere una casa y terreno, con todo y los derechos que este conlleva, a un comprador, el cual se obliga a pagar por ellos un precio cierto, en dinero y a Tiempo Determinado.

La Donación: Es un contrato por el cual, el donatario, entrega de manera gratuita y con ciertas condiciones a otra persona, llamada donante. Puede ser la persona que desee, familiar o particular.

La Permuta: Es un contrato por el cual, las personas se obligan entre ellos, intercambiar un bien o propiedad por otro,

La Herencia: Esto se transfiere a través del parentesco, línea sanguínea legado, o voluntad de un propietario en beneficio de otra persona.

La Adjudicación: Se refiere al acto en que un Juez, Gobierno, Ejido reconoce a una persona el derecho de gozar de una propiedad, casa o terreno a través de una subasta, remate, juicio. La Herencia se encuentra dentro de este modo originario.

La Cesión De Derechos: Este modo de transmitir o adquirir la propiedad es cuando el propietario de una casa o terreno, transfiere los derechos reales a través de un contrato. Puede ser una Hipotecaria, Banco, Financiera.

En el uso y costumbre, es muy común que deudores, hagan la cesión de derechos de una casa a un nuevo comprador, lo que vulgarmente muchos le dicen traspaso. Inclusive los derechos litigiosos de un juicio pueden ser transmitidos a través de este tipo de contrato. Más adelante profundizaremos en este tema.

El Legado: A diferencia de los herederos, el legatario, adquiere a título particular, no por consanguineidad, los bienes de un difunto transmitidos por un testador, y no tiene ninguna obligación más la que se haya estipulado en el testamento. Así como no tiene responsabilidad alguna con los herederos.

La Hipoteca: Es el crédito otorgado por un banco o institución financiera, a un particular o empresa. Teniendo como garantía, un convenio denominado generalmente contrato de hipoteca, el cual es de manera unilateral, es decir, el

Banco o la Institución define las cláusulas y requisitos, y el deudor, las acepta incondicionalmente para asegurar el pago del crédito sobre la casa o terreno que está adquiriendo el deudor. En caso de incumplimiento en los pagos, se procederá a recuperar la hipoteca a través de un Juicio Especial Hipotecario.

Inscripciones de Posesión o la Ad Perpetuam

Es cuando se adquiere la propiedad de un inmueble por primera vez. De la cual se desconoce, o tiene un origen impreciso, ya que la transmisión no se atribuye a alguien en particular. Este derecho de propiedad nace desvinculado de alguna persona. Aún así, se desconozca el origen, como lo hemos manifestado, corresponde a la Nación, la regulación de dicho inmueble.

Derecho de Superficie: Es el derecho que se otorga a una persona a través de un arrendamiento, por un periodo de tiempo, para que siembre o edifique a su costa en un terreno que no es de su propiedad. Puede ser también el arriendo de manera gratuita, quedando a beneficio del propietario, las edificaciones o sembradíos hechos en su terreno.

El Comodato: Contrato Gratuito, no oneroso por el cual el dueño de una casa o propiedad, concede el uso a otra persona, por un tiempo determinado para que la devuelva o la restituya individualmente.

3.- Por el modo de la Aparcería

Agrícola: Es un convenio donde el propietario de un terreno rustico, le da a otra persona para que lo cultive, a fin de repartirse los frutos en la forma que ellos hayan convenido, la mayoría de las veces de acuerdo a los usos y costumbres de la región.

Ganadera: Una persona le da a otra su ganado, o animales para que los alimente o los cuide en su terreno, con el fin de repartirse los frutos, que esos animales produzcan. (La Biblia, narra, el convenio por siete años que hizo Labán con su yerno Jacob, donde éste, se quedaría con las crías que el ganado tenía).

Anticresis: Contrato de garantía mediante el cual, el acreedor adquiere el derecho de percibir los frutos de una casa o terreno perteneciente al deudor, para aplicarlos al pago de los intereses y del capital que constituye su crédito.

Enfiteusis: Derecho Real Vitalicio, sobre un fundo ajeno, que concede las facultades de enajenar, usar, gozar, y gravar el dominio útil del bien, a cambio del pago de una pensión anual al dueño, consistente en dinero o en un porcentaje de los frutos de la explotación del predio.[3]

Capítulo III

CONTRATOS

Mi maestro Othón Pérez Fernández del Castillo, solía decir, que el origen de todo acto jurídico, tiene que ver con un contrato, convenio.

Me permito agregar lo siguiente: Un contrato, puede uno redactarlo de la manera que uno quiera, poner los capítulos de declaraciones y cláusulas que uno desee, siempre y cuando estén dentro de la ley y el comercio.

La esencia de un contrato está en las cláusulas, en el contenido. La mayoría de los asesores y gente piensa que los contratos redactados por un Notario Público son la norma o quizá tienen más validez por contener la fe pública; pero si nos preguntamos, ¿En qué basan los Notarios Públicos sus actos jurídicos? Es en base a la Ley, a un Código Civil, a una norma o reglamento. Por lo tanto, si un abogado particular, redacta un contrato fundamentado de acuerdo con la ley, escrito de manera efectiva, utilizando correctamente los fundamentos legales que le otorga el Código Civil, ese contrato puede convertirse en una estrategia poderosa, con la suficiente validez para hacerse cumplir ante un Tribunal de Justicia.

Tuve la oportunidad de representar un juicio por incumplimiento de convenio y una carpeta de investigación por el delito de fraude; dos procesos judiciales que estuvieron basados en un contrato tan sencillo que constaba tan solo de dos hojas. Una de las partes cedió los derechos de un terreno, el cual no había sido terminado de pagar. Todos le decían a mi cliente que dicho contrato no tenía validez legal. Revisé el contrato, tenía declaraciones, cláusulas, y la firma de los obligados y la firma de los testigos, pero lo importante era encontrar la fundamentación legal para hacerlo valer. Se presentó ante los Juzgados Civiles y Penales, exponiendo los puntos suficientes sobre los cuales el Código Civil encontraba respaldo para la acción y el derecho. El Juez, le dio la validez legal para llevar a cabo el juicio correspondiente.

Un contrato privado, correctamente fundamentado por un abogado particular contiene la misma validez legal que el hecho ante una notaría pública.

ESTRUCTURA DE UN CONTRATO

Encabezado o Titulo. - En la parte superior de un contrato se debe de poner el tipo de contrato (arrendamiento, compra venta, laboral, prestación de servicios), algunos abogados suelen poner la fundamentación legal por la que se va a regir el contrato. Puede ser civil, penal, laboral, administrativo, internacional. Después, en el mismo encabezado o titulo, irán el nombre de las partes, el que da y el que acepta. Arrendador- Arrendatario. Vendedor-Comprador. Donante-Donatario, en ese orden se establecen.

Declaraciones. - Seguidamente del título o encabezado, vienen los antecedentes de las partes y su manera de identificarse para el acto jurídico que están realizando, domicilios, las propiedades que darán u otorgarán motivo del contrato, la voluntad expresa de quién quiere aceptar el objeto o la cosa, así como estar en aptas condiciones para recibirlo.

Sí es una empresa, asociación civil, o mandatario, es obligatorio que, en las Declaraciones, se transcriba, el número de la Escritura Pública por la cual fue constituida la Empresa o la Sociedad. El número de Folio electrónico con el cual fue inscrita en el Registro Público, el Registro Federal de

Contribuyentes. Todos estos datos deben de estar claramente especificados, tal y como se encuentran registrados ante el Notario Público, y las demás instituciones de Gobierno como lo son el Registro Público de la Propiedad y Comercio, la Secretaría de Administración Tributaria. Si uno de los datos es incorrecto puede perjudicar los actos y negocios jurídicos posteriores, así como perder un juicio.

Ejemplo: Los bancos suelen poner en sus contratos hipotecarios, la constitución de la sociedad por la cual fueron erigidos, por lo cual el volumen de hojas es muy excesivo, razón por la cual muchos abogados y personas no acostumbran leer completamente el contrato. Pero es importante en un juicio, leerlo a detalle, no importando las hojas, ya que dentro de ellas se encuentran, la manera de defender a sus clientes en caso de juicio.

CLÁUSULAS.- Son aquellas manifestaciones, en las cuales establecemos nuestras condiciones y manifestaciones para cumplir con el contrato. Deben ir enumeradas una por una. Pueden variar y ser todas aquellas las que uno considere importantes, siempre y cuando estén dentro del comercio y de la ley.

1.-Tiempo y vigencia del Contrato.

2.- El objeto del contrato. Lo que vendes, compres o rentas. Servicios, productos, casas, local comercial etc.

3.- La cantidad a pagar, los plazos de pago. Si es un contrato de comodato, las condiciones, las responsabilidades que se deben seguir para aquello que se está prestando. Si es un contrato laboral, el tiempo que durará el trabajo, los horarios de trabajo, el salario mensual, semanal que percibirá el trabajador.

4.- Las penas convencionales en caso de incumplimiento.

5.- La rescisión por incumplimiento a alguna de las cláusulas establecidas.

6.- Los derechos y obligaciones.

En las cláusulas se establecen tus condiciones y requisitos para comprar, vender o rentar, tus productos o servicios, fundamentados de acuerdo con la ley. Esta es la parte principal donde las partes, establecen lo que quieren y como lo quieren de acuerdo con la Ley. Por ello, es fundamental conocer, al menos de manera esencial, el marco legal de las modalidades de contratos que existen.

7.- Aval. - Es la persona que se va a encargar de responder en caso de incumplimiento por parte del comprador o del arrendatario.

En algunos casos de arrendamiento, se deposita una póliza de garantía, que en caso de incumplimiento de pago, la póliza la hará efectiva el arrendador para su beneficio.

8.- Testigos.- Para que un contrato privado, tenga validez, debe de tener al menos la firma de dos testigos que dan fe, del convenio de voluntades.

CLASES DE CONTRATO

Contratos Privados: Son todos aquellos contratos que realizan los particulares entre sí, sin la intervención de un Notario Público que de fe. Tienen su validez legal, porque están fundamentados de acuerdo con la ley y cumplen con los requisitos que la ley establece.

Contratos Públicos: Son aquellos contratos que son realizados por un Notario Público, Juez, Comisaría Ejidal y toda entidad de gobierno o autoridad que detente una investidura por parte del Estado.

Los contratos pueden clasificarse en:

Civiles: Todos aquellos realizados por las personas y particulares. Arrendamientos, Compra Venta, Comodato, Mutuo, Cesiones de Derecho.

Mercantiles: Aquellos realizados entre empresas o que tengan una finalidad mercantil. Arrendamiento Financiero, Otorgamiento de crédito, apertura de cuentas bancarias.

Laborales: Aquellos en que una persona llamada patrón, contrata a una persona para que cumpla con una jornada laboral, por la cual percibirá un salario.

Internacionales: Los llevados a cabo entre naciones o empresas transnacionales.

CLASIFICACIÓN DE LOS CONTRATOS

Los contratos pueden ser:

Unilaterales: los cuales, expresan la voluntad de una persona, y la otro acepta o accede a las cláusulas y condiciones.

Bilaterales: Los cuales expresan la voluntad de ambas partes, sus términos y condiciones.

Onerosos: Que existe un intercambio de dinero, acción de dar, entregar una cosa, u obligación de hacer.

-Conmutativos y Aleatorios.

-Típicos y Atípicos.

-Principales y Accesorios.

-Instantáneos/Tractos Sucesivos

-Ejecución de Escalonada o Diferida

-De Adhesión

-Nacionales e Internacionales

y Gratuitos.

TIPOS DE CONTRATOS

Contrato Preparatorio: Promesa De Compra Venta.

Translativos de Dominio (Transmisión de Dueño):

Compra Venta   Permuta   Donación   Mutuo

Translativos de Dominio con Garantía:

Fianza

Prenda

Hipoteca

Translativos de Uso Temporal:

Arrendamiento

Comodato

Contratos de Prestación de Servicios:

De Gestión: Mandato, Prestación de Servicios, Hospedaje

De Depósito: Custodia y Secuestro

Contratos con un Fin Común

De Asociación

De Sociedad

De Aparcería: Agrícola y Ganado

Contratos Aleatorios

Juego

Apuesta

Renta Vitalicia

Compra de Esperanza[3]

LOS NOMBRES DE LOS ACTOS JURIDICOS DERIVADOS DE UN CONTRATO

Contrato.

Convenio De Voluntades.

Negocio Jurídico.

Pacto.

Transacción.

Acuerdo.

Estipulación.

Capítulo IV

LA ESCRITURA PÚBLICA

De conformidad con lo que dispone la Ley del Notariado para el Distrito Federal en vigor, una escritura pública es el instrumento original que el Notario asienta en los folios, para hacer constar uno o más actos jurídicos y que firmado por los comparecientes, autoriza con su sello y firma. Dicho instrumento debe de cumplir con los siguientes requisitos:

A.- PROEMIO.

Deberá llevar número de Escritura y Libro al que pertenece.

Lugar y Fecha en que se asienta, así como la hora si es preciso.

Nombre y Apellido del Notario y de la Notaria que es titular.

El acto o actos que contiene.

Nombre de los otorgantes y de sus representantes o demás comparecientes si es el caso.

B.- DECLARACIONES.

Redactadas ordenadamente.

Hechas bajo protesta de decir verdad.

Se apercibirá de las penas en que incurren quienes declaran con falsedad.

C.- ANTECEDENTES.

En las escrituras emitidas por un Notario Público, se relacionarán los documentos para la satisfacción de requisitos fiscales o administrativos.

Agregará al apéndice documentos originales o fotocopias, bajo el número o letra correspondiente.

Agregará original y traducción de perito reconocido, de documentos escritos en otro idioma.

Tratándose de inmuebles, relacionará el último titulo de propiedad y datos del Registro Público.

Tratándose de Actas de Asambleas relacionará la Constitución de la Sociedad y validez de los acuerdos.

Tratándose de Actas de Condóminos relacionará la Constitución y autorización del Libro de Actas.

D.- CLÁUSULAS OBLIGACIONALES.

Deberán ser redactadas con un lenguaje claro, conciso, y fundamentadas jurídicamente sin formulismos o palabras inútiles.

Cuando la operación sea sobre casas, terrenos o todo tipo de inmuebles, se deberá determinar su naturaleza, ubicación, linderos, superficie y colindancias.

Determinará las renuncias de derechos por voluntad expresa o por consecuencias del acto.

E.- PERSONALIDAD.

La dejará acreditada:

Relacionando los documentos respectivos.

Insertándolo o agregándolos en original o copia al apéndice.

F.- GENERALES.

Se anotarán los nombres y apellidos de otorgantes, representados y demás comparecientes, en su caso, nacionalidad, la de los padres, lugar y fecha de nacimiento, estado civil, ocupación, y domicilio (precisando hasta donde sea posible) y se asentará los datos del documento con el que se identifique.

Tratándose de extranjeros, escribirá su nombre y apellido tal y como aparece en la forma migratoria correspondiente.

G.- CERTIFICACIONES.

Se hará constar bajo su fe:

De que aseguró de la identidad de los comparecientes.

Que tienen capacidad legal para otorgar el acto.

Haber tenido a la vista, los documentos, que se le presentaron.

Que algunos documentos se agregan en fotocopia, previo cotejo realizado por el notario.

Que leyó el instrumento y la explicó en sus términos, y consecuencias.

Que manifestaron todos su comprensión y conformidad, mediante su firma o huella digital o firma electrónica.

La fecha en que se firme la escritura por los comparecientes.

H.- AUTORIZACIÓN PREVENTIVA Y DEFINITIVA.

Es el oficio que gira el Notario Público dirigido al Registro Público de la Propiedad para que se haga la anotación correspondiente en un inmueble. La preventiva se refiere a una operación que se realizará sobre un bien inmueble en específico y la definitiva es la que sucede cuando ha finalizado el acto jurídico. [3]

Capítulo V

EL ARRENDAMIENTO

La dueña de una casa, una señora de sesenta y ocho años, tuvo problemas con su inquilino después de rentarle tres años. Cuando ella quiso subirle la renta y este se negó a pagarle, tuvo que demandarlo ante los Tribunales. El contrato de arrendamiento que ella tenía, se lo pasó una amiga, jamás se asesoró si era el adecuado para su casa. La Ley marca que el inquilino tiene el derecho de ir a depositar las rentas en un juzgado, y esto puede hacerlo por la misma cantidad durante un año o más dependiendo del tiempo que dure el juicio. El inquilino, se asesoró con un abogado, y contestó la demanda y así estuvo depositando la misma renta durante cinco años. La dueña de la casa nunca se asesoró antes de firmar el contrato de arrendamiento.

El contrato de arrendamiento es un documento legal que testifica cláusulas y obligaciones a cumplir por parte de un arrendatario, la persona que toma en posesión una casa, terreno, departamento, inmueble y el arrendador, el propietario que cede la posesión por un tiempo determinado de su casa, terreno, departamento, inmueble, a cambio de una remuneración económica. A través de este documento, ambas partes, el arrendador y el arrendatario protegen sus derechos y obligaciones, mientras dure la vigencia del contrato de arrendamiento.

El no cumplir un contrato de arrendamiento puede llegar a causar problemas serios, esto dependiendo de las cláusulas del contrato o cómo se llegue a un acuerdo entre las partes.

Lo más recomendable es hablar claramente ya que en ocasiones, aunque un arrendatario tenga la intención de permanecer en la vivienda, las circunstancias pueden cambiar para poder cumplir el contrato de arrendamiento ya sea por ciertos problemas personales, profesionales, familiares, económicos e incluso por situaciones que están fuera de su alcance.

Por medio de la ley, si no se cumple el contrato de arrendamiento se infringen normas que deben pagarse ya sea por lo que establece la ley o por lo que establezca el arrendatario en el contrato, más sin en cambio de no haberse establecido en el contrato de arrendamiento, se puede llegar a un acuerdo. La ley establece que un contrato debe tener una duración pactada de mínimo seis meses y hasta diez años o más, dependiendo de la legislación de cada estado. En su mayoría los contratos de arrendamiento residencial están en vigor por una temporada fija de tiempo, por lo general un año, pudiendo variar.

En México, el Código Civil Federal[4] establece una definición general del derecho de arrendamiento, el cual lo podemos encontrar en su artículo 2398 que "el arrendamiento es un contrato en el cual las partes contratistas se precisan mutuamente, una, a conceder el uso o goce temporal de una cosa, y la otra, a pagar por ese uso o goce un precio cierto.

En el Título VI de la Parte Segunda del Libro Cuarto del Código Civil Federal[7], artículos 2398 y siguientes del Código Civil el cual regula los arrendamientos, tanto de bienes inmuebles como del resto de cosas. Empieza con las disposiciones generales y enseguida se presentan los derechos y deberes de las partes en los Capítulos Segundo y Tercero. El Capítulo Cuarto regula los arrendamientos destinados a habitación en particular.

Resaltando los siguientes artículos:

*Obligaciones del arrendador: aunque no haya pacto expreso Artículo 2412 CC

* Obligaciones del arrendatario: Artículo 2425 Código Civil del Distrito Federal.

En caso de incumplimiento del contrato por parte de arrendador, se aconseja, que las partes lleguen a un acuerdo respecto a la indemnización o pago al arrendatario en caso de incumplimiento de lo pactado en el contrato. Si el arrendador quisiera resolver el contrato por incumplimiento mediante un juicio civil, entonces el juez deberá fijar y establecer los daños y perjuicios a favor del arrendador, en la cual por lo general la indemnización será equivalente a las rentas que se hubiesen devengado hasta el momento o hasta que el arrendador arriende de nuevo el espacio.

Como ya lo mencionamos una parte muy importante antes de firmar cualquier contrato de arrendamiento es hablar, ya que si el arrendatario no cumple con el contrato de arrendamiento puede originar un juicio costoso, dependiendo del tipo de inmueble arrendado.

¿QUÉ PASA SI SE INCUMPLE UN CONTRATO DE ARRENDAMIENTO?

I.- Juicios Especiales de Desahucio.

Esto sucede cuando el arrendatario, deja de pagar la renta por más de dos a tres meses. De acuerdo con lo que marca la mayoría de las legislaciones en Derecho Civil en los Estados de la República Mexicana, el propietario del inmueble, acudirá a los tribunales, exhibiendo el contrato de arrendamiento, que celebró con el inquilino, y solicitar el lanzamiento del arrendatario. Una vez, admitida la demanda, y encontrarse apegada a la ley, se procederá a formarse un expediente, donde se ordenará la notificación del desahucio o desalojo al inquilino moroso, concediéndole un plazo de treinta a cuarenta días para que desocupe el bien inmueble arrendado o se ponga al corriente de las rentas vencidas. El actuario adscrito al juzgado notificará la demanda, y en el acto de la notificación, le preguntará al arrendatario si tiene recibos de pago con que comprobar que se encuentra al corriente de las rentas, de no ser así, se le concederá el derecho para que señale bienes para embargo que garanticen el monto adeudado. Una vez señalado el embargo, ya sean automóviles o aparatos muebles que no sean de uso necesario para la subsistencia de la familia.

En los juicios especiales de desahucio, la controversia es en relación a la falta de pago de rentas, por lo que si el demandado arrendatario, deposita o hace el pago de las rentas adeudadas, el juicio se tiene por concluido.

En Juicios Especiales de Desahucio por rentas, no se dictará sentencia hasta que el arrendador acredite que ha estado emitiendo los comprobantes fiscales digitales por internet. En materia de impuestos al arrendamiento, cuando un inquilino no pague la renta, el juez no dictará sentencia hasta que el arrendador acredite la emisión de Comprobante Fiscal Digital Por Internet (CFDI) Es decir, será necesario demostrar que el arrendador ha estado emitiendo los CFDI correspondientes por la operación.

II.- Rescisión del Arrendamiento.

Esto sucede cuando una de las partes incumple con alguna de las cláusulas estipuladas en el contrato que firmaron. Es muy importante que cuando se va a demandar la rescisión de arrendamiento, debe de haber una notificación previa, donde se le informe al arrendador o al arrendatario, la voluntad de rescindir el contrato de arrendamiento. De no hacerlo así, la notificación y el proceso judicial puede no ser válido, ya que no se le aviso previamente, antes de la demanda.

La manera correcta de notificar previamente la voluntad de una de las partes de dar por rescindido el contrato de arrendamiento, puede ser a través de una Jurisdicción Voluntaria, la cual se tramita a través de un Juzgado Civil, o a través de la fe pública que puede dar un notario público, habiéndose constituido en el domicilio de una de las partes, (domicilio señalado en el contrato, lugar de trabajo etc.).

III.- La Terminación de un Contrato de Arrendamiento.

Así mismo, también existe la orden de desalojo de un juez por Terminación de Contrato de Arrendamiento. Para este juicio, es importante responder la demanda, ya que es de los procesos judiciales donde al inicio del procedimiento el juez fijará una audiencia conciliatoria para que las partes se pongan de acuerdo y encontrar una solución satisfactoria al conflicto. En la audiencia, si una de las partes no se presenta, significa que no existe la disposición de una de las partes a conciliar. Siendo así, es importante que se lleven a cabo los pasos correctos para notificar la voluntad de terminar el arrendamiento, de lo contrario, será nula la notificación de la demanda. Por eso es muy importante, consultar a un abogado.

LA TACITA RECONDUCCCIÓN

Seguramente muchos asesores o emprendedores han escuchado hablar de aquellos contratos de arrendamiento que se convierten en contratos por tiempo indefinido. En esta sección les vamos a explicar como sucede y de qué manera poder disolver un contrato de esa índole.

La tacita reconducción sucede cuando ambas partes han firmado un contrato de arrendamiento por tiempo determinado. Podemos poner como ejemplo, la duración de un año. Al estar a punto de cumplirse la fecha límite que pusieron las partes, si ninguna de ellas se inconforma, si ninguna de ellas no da ningún aviso por escrito de que es su voluntad terminar con el arrendamiento es cuando sucede la tacita reconducción. Es la voluntad de ambas partes de continuar con el arrendamiento sin emitir opinión alguna. Se entiende que, al no manifestar modificaciones, los dos están conformes con extender por tiempo indefinido el contrato por el mismo pago.

Pero cuando uno de los dos, desea terminar, modificar, o inconformarse con el arrendamiento tiene que hacerlo antes de que se cumpla el plazo, porque una vez vencido, habiendo transcurrido, aunque sea un solo día, se entiende que es su voluntad seguir el contrato de arrendamiento, tal y como está, por lo cual, automáticamente se considerará que operó la tacita reconducción. Y justo ahí, es cuando se considera prorrogado el contrato por tiempo indefinido.

La Jurisdicción Voluntaria o los Procedimientos Administrativos (Conocida así en algunos otros estados de la Republica Mexicana) es una herramienta idónea para comunicar la terminación o rescisión de un contrato de arrendamiento a través de un juzgado. Con la cual, a través de una autoridad manifestamos al arrendatario que es nuestra voluntad, notificarle nuestra voluntad.

Si una persona pretende interponer un Juicio de Rescisión o Terminación de Contrato de Arrendamiento, sin haber un aviso previo, como lo es a través de una Jurisdicción Voluntaria, o con un Notario Público, dicha demanda interpuesta, es muy probable que tenga una sentencia en contra por faltar ese requisito indispensable.

LA RENTA DE UNA CASA O TERRENO

En los contratos de arrendamiento es importante hacer una recopilación de la información necesaria sobre la persona a la que se le dará una casa en arrendamiento, conocer y saber que la persona no tenga problemas legales o al menos que no tenga un proceso judicial de arrendamiento. Dicha información la puede corroborar un abogado en la Oficialía de Partes Común. Esto es para evitarse que la casa o el inmueble dado en arrendamiento, sea utilizada para fines criminales, como una casa de seguridad, o lugar de secuestros. Cuando una casa, es utilizada para este tipo de delitos, es donde opera la Ley de Extinción de Dominio, en la cual el Estado Mexicano, tiene la autoridad para extinguir y adquirir la propiedad de bienes inmuebles que han sido utilizados de manera ilícita.

Dependiendo del monto de la renta si este excede a más de cien salarios mínimos es recomendable que el arrendatario cuente con un aval que lo respalde con los estados financieros para saber si tiene los medios para pagar. En caso de no solicitar aval existen otros medios de garantía como, pagares, depósitos adelantados, fianza, etc. esto ya va a ser de acuerdo al criterio que la situación requiera.

Sobre el depósito existen diferentes cantidades, las cuales se pueden estipular en las cláusulas siendo la más común, dos meses de renta. Ahora bien, de acuerdo con el criterio de algunos Códigos Civiles de la República Mexicana, el depósito se tomará a cuenta del último mes de renta para la desocupación. Pero también se puede estipular en la cláusula correspondiente, que este no se devolverá y se tomará en cuenta para desperfectos o composturas. A menos que se hayan puesto de acuerdo las partes en su devolución, tendrá que hacerse; de lo contrario el arrendador no está obligado.

Así mismo, se puede estipular en el contrato de arrendamiento una póliza de garantía, en caso de que el inquilino deje de pagar las rentas.

El pago de pesos, es un juicio que se interpone cuando el arrendatario, deja pendiente gastos pendientes de consumo de servicio de energía eléctrica, luz, o consumo de agua. En este tipo de juicios de pagos pendientes, en caso de no dar con el arrendador se interpondrá la demanda en contra del aval.

CAMBIAR LAS CERRADURAS DE UNA CASA RENTADA SIN AVISARLE AL INQUILINO, PUEDE CONSTITUIR UN DELITO ANTE EL MINISTERIO PÚBLICO

El arrendador o dueño de la casa, durante el arrendamiento no debe mudar la forma de la cosa arrendada, ni intervenir en el uso legítimo de ella, salvo en el caso de reparaciones urgentes e indispensables que pongan en riesgo la casa o a los inquilinos.

Si el arrendador o dueño de la casa, negaré la entrada o el acceso al inquilino, o se introdujera sin consentimiento del inquilino, aun cuando vaya al corriente en el pago de rentas o el pago de servicios públicos, el inquilino tendrá el derecho de acudir al Ministerio Público y denunciarlo por el delito de despojo:

DESPOJO DE COSAS INMUEBLES O DE AGUAS

Artículo 395 del Código Penal Federal

Se aplicará la pena de tres meses a cinco años de prisión y multa de cincuenta a quinientos pesos:

I.- Al que de propia autoridad y haciendo violencia o furtivamente, o empleando amenaza o engaño, ocupe un inmueble ajeno o haga uso de él, o de un derecho real que no le pertenezca;

II.- Al que de propia autoridad y haciendo uso de los medios indicados en la fracción anterior, <u>ocupe un inmueble de su propiedad, en los casos en que la ley no lo permite por hallarse en poder de otra persona</u> o ejerza actos de dominio que lesionen derechos legítimos del ocupante.

El contrato de arrendamiento es un documento legal que testifica clausulas y obligaciones a cumplir por parte de un arrendatario, la persona que toma en renta una casa, terreno, departamento, inmueble. y un arrendador, el propietario que cede por un tiempo determinado la casa, terreno, departamento, inmueble, a cambio de una remuneración económica. A través de este documento, ambas partes, el arrendador y el arrendatario protegen sus derechos y obligaciones, mientras dure la vigencia del contrato de arrendamiento.

Capítulo VI

LA HERENCIA

Para transmitir nuestros derechos a nuestros familiares, esposa, hijos, hermanos, padres se hace a través de un testamento, el cual se activa, una vez que ha fallecido el testador.

Cabe mencionar que las disposiciones testamentarias son revocables total o parcialmente. Si el testador otorga un testamento posterior, este último deja sin efecto al anterior. El testador puede otorgar testamento cuantas veces quiera, sin existir un límite legal, siendo a la muerte del testador el testamento valido el de fecha posterior. También puede otorgar nuevo testamento incluyendo nuevas disposiciones pero que se mantengan las disposiciones efectuadas en el testamento anterior. En este caso es necesario que el nuevo testamento expresamente mencione las disposiciones del testamento anterior. Igualmente cabe otorgar nuevo testamento que deje sin efecto parte del testamento anteriormente otorgado, subsistiendo el testamento anterior en parte. En este caso también es necesario que el nuevo testamento exprese que parte del testamento anterior se mantiene.

Una vez que ha fallecido el propietario de la casa, hasta entonces nacen los derechos hereditarios para sus parientes, de hecho la ley prohíbe terminantemente realizar cualquier tipo de convenio sobre una herencia futura, es decir, sin que haya fallecido el propietario.

En este caso, se procede a presentar la denuncia testamentaria exhibiendo el testamento, el acta de matrimonio y las actas de nacimiento de los hijos. El juez en ambos casos cuando haya fallecido un familiar y haya dejado o no testamento de sus bienes, los familiares, tienen que acudir a un juzgado a reclamar la herencia.

¿QUE SUCEDE CUANDO NO HAY UN TESTAMENTO?

La mayoría de las familias mexicanas, enfrentan el problema que viven en casas donde sus padres, abuelos, no dejaron un testamento sobre sus propiedades. Por lo que no son dueños la casa que habitan, ni pueden disponer legalmente y libremente de la propiedad.

Ahora bien ¿Que sucede cuando, el propietario de una casa, terreno o departamento, edifico, fallece sin dejar su voluntad a través de un testamento? Cuando no hay un testamento, se inicia el Juicio de Sucesión Legitima o Intestamentario, donde los derechos reales de un patrimonio se transmiten a los descendientes, ascendientes, colaterales, o concubinos, donde deberán comparecer todos los que se crean con derecho a heredar a través de lo que se denomina, la Denuncia Intestamentaria. En este escrito, se deben de agregar todas las propiedades de bienes inmuebles, o muebles los cuales se deberán repartir a todos presuntos herederos.

El juez, una vez examinada la Denuncia Intestamentaria, inmediatamente procederá a llevar a cabo la audiencia de Herederos y Designación de Albacea, donde una vez reconocidos los derechos, se les declarará Herederos, y el representante legal de cada uno de ellos será llamado Albacea.

En varias legislaciones de los estados de nuestro país, cualquier persona que no haya sido tomada en cuenta en la Denuncia Intestamentaría, deberá apersonarse al Juicio de Sucesión Legitima antes de la designación del albacea.

Recuerdo, un Juicio de Sucesión Legitima donde antes de la audiencia de designación de Herederos y Albacea, los hijos del De Cujus (Difunto, Autor de la Herencia), recibieron la sorpresa de una mujer que exhibió el acta de nacimiento a favor de un menor de edad, al cual el padre de ellos, le había dado sus apellidos. Por el solo hecho de darle sus apellidos, el menor, había adquirido los derechos para heredar del De Cujus.

Existen tratados internacionales, y la misma Constitución Mexicana, marca que los derechos de los menores deben de protegerse y salvaguardarse.

Los herederos originales, estaban costeando los gastos originados del juicio y ante tal sorpresa, no reconociendo los derechos del menor, optaron por dejar el juicio, no intervenir. Igualdad de derechos, igualdad de obligaciones. Si la madre del menor, quería parte de esa herencia, también debía de sufragar con los gastos del juicio y así la repartición de los bienes seria equitativa.

Se debe de entender, que la naturaleza del Juicio de Sucesión Legitima, solo procede a petición de las partes, mientras ninguna de las partes, promueva o denuncia la falta de inactividad del albacea, puede quedarse así por años. La mayoría de las familias mexicanas, no tienen en orden las escrituras de su casa, por desidia. Puede fallecer el propietario original, los hijos de él y aún los nietos, y las escrituras siguen a nombre del De Cujus. He ahí la complicación cuando después las personas quieren solucionar de tajo, las escrituras de sus casas, en un estado sumamente complicado, pero no imposible.

Los requisitos para iniciar un Juicio de Sucesión Legitima son los siguientes:

En este caso, se procede a presentar el escrito de sucesión legítima, exhibiendo el acta de matrimonio y las actas de nacimiento de los hijos y certificado de no gravidez, en caso de que la viuda pueda aun procrear. El juez en ambos casos cuando no exista un testamento convocará a una junta de herederos donde se designará un albacea. Se puede designar por escrito al albacea, antes de celebrarse la junta, siempre y cuando los presuntos herederos estén de acuerdo y sean mayores de edad.

Los herederos tienen las siguientes posibilidades para disponer de sus derechos:

El Repudio: Antes de ser declarado heredero, cualquier persona puede manifestar su negativa a recibir la herencia, eso es el repudio. Los efectos jurídicos del repudio son dos, como no se aceptó la herencia, no adquiere ningún derecho el heredero ni, por lo tanto, paga ningún impuesto, por otro lado, como se trata de decir "no quiero", no es posible decir "no quiero, pero quiero que mi parte sea para fulano" eso se equipara a una cesión de derechos y fiscalmente tendrá dos impuestos a pagar uno por adquirir el heredero y otro por adquirir el que recibe la cesión, como lo explico más adelante; el segundo efecto jurídico es que se incrementa la proporción que les corresponde a los herederos que sí aceptarán la herencia, es decir, si eran cinco herederos y repudia uno, en lugar de dividirse entre cinco, ahora la herencia se dividirá entre cuatro y en lugar de una quinta parte para cada uno ahora su porción se incrementará y recibirán una cuarta parte de la herencia.

La Cesión de Derechos Hereditarios: Una vez que existe la declaratoria de herederos, hasta entonces hay la certeza jurídica de que se tiene derecho a la herencia, y con esa certeza, puede el heredero ceder sus derechos (los demás coherederos tienen preferencia para adquirir esos derechos, solo para el caso de que no quisieren o no pudieren adquirirlos, podría entonces cederse a un extraño). Aquí el problema es fiscal, porque la ley prevé que son dos personas las que están adquiriendo, primero el heredero y luego quien adquiere la cesión (cesionario), por lo tanto deben pagarse dos impuestos, además el primer impuesto debe pagarse a la fecha de la cesión de derechos, el problema es que siempre se pagan hasta la escrituración y, si la cesión se hizo un año antes, pues se tendrán que pagar impuestos con recargos (ver tema aparte de impuestos).

La venta de los derechos al momento de escriturar: Aquí propiamente ya no estamos hablando de derechos hereditarios, estamos hablando de derechos de copropiedad, puesto que el Notario Público hará constar en su escritura que los herederos adquieren la propiedad del bien y uno o algunos de ellos venden esos derechos de copropiedad en favor de otra persona, prácticamente los efectos son los mismos que los de la cesión, con la diferencia de que todos los impuestos (que también se causan por dos adquisiciones) se pagan con fecha actual.

Hay que tomar en cuenta que, para poder vender se requiere de ser propietario y para ser propietario en una herencia, se deben "adjudicar" los bienes a favor de los herederos. El fisco sabe muy bien de esta situación y también sabe que podrían eludirse impuestos si quien vende es la sucesión, es decir brincarse la adjudicación de los bienes, por esa razón el fisco va un paso adelante y dice que, aunque no se lleve a cabo la adjudicación, deberán pagarse los impuestos correspondientes como si se hubiera hecho más los respectivos impuestos del comprador.

Si va a comprar un inmueble de algún heredero, antes de formalizar su operación o dar algún anticipo y meterse en problemas, mejor acuda con el abogado de su confianza e infórmese sobre los pasos a seguir, él le orientará para que su inversión sea segura.

Capítulo VII

LA COMPRA VENTA

La etapa más importante antes de comprar una propiedad, es verificar en qué condiciones legales se encuentra. A través de una consulta en el Registro Público de la Propiedad se podrá encontrar la información necesaria de la casa o terreno, si tiene gravámenes o adeudos fiscales, si se encuentra embargada por un juicio, o si esta expropiada, hipotecada, o en su defecto aún no se encuentra inscrita en el Registro Público de la Propiedad a nombre de quien pretende vender. Todo esto te va a garantizar proteger tu inversión, antes de la preparación y firma del contrato.

1 Requisitos.

Reunir los requisitos antes de firmar el contrato, es importante establecer una lista de los documentos legales que habrán de tenerse a la mano para ser entregados al abogado o al Notario Público. Título de Propiedad, Adjudicación de la Herencia, Partidas registrales.

2 Créditos hipotecarios aprobados. La aprobación del financiamiento es un paso importante que se tiene que asegurar para evitar imprevistos. Dos semanas es, por lo general, el lapso que lleva obtener la aprobación, sin embargo, dependiendo del banco o del sistema de financiamiento al que se recurra, el proceso puede tomar hasta cuatro semanas.

3 Nombres incorrectos. El tener el nombre correcto puede retrasar la compra venta, ya sea que se tenga que corregir a través de un juicio o a través de un tramite ante el Registro Civil. En la firma de un contrato es importante cerciorarte de que el nombre completo del vendedor y comprador aparezcan correctos.

4 Mobiliario incluido en la casa, terreno o departamento.

Es importante detallar o describir cualquier artículo o mobiliario del inmueble que está dentro del contrato, con esto evitarás reclamos posteriores si después de liquidar no ves los muebles o accesorios que creíste comprar.

LA SOCIEDAD CONYUGAL EN LA COMPRA VENTA DE UNA CASA

Aquí todos los bienes que se adquieran después del matrimonio civil, serán propiedad de ambos conyugues al cincuenta por ciento. Los bienes que cada uno tenía antes de casarse no formaran parte del matrimonio, seguirán perteneciendo a la persona que los adquirió.

Pero si en el régimen hubiere capitulaciones matrimoniales se tomará según lo que las partes llegasen a acordar, pudiendo ser incluso 90% para uno 10% para el otro. Recuerden que es un acuerdo de voluntades y se plasma solamente lo que ellos decidan en las capitulaciones. En cuanto a los bienes adquiridos con anterioridad, si no se señala claramente en las capitulaciones que los bienes actuales cada cónyuge conservará su propiedad y no entraran a la sociedad conyugal.

Se entenderá también que, los bienes anteriores serán cincuenta y cincuenta, o el porcentaje que hayan escogido, esto incluye las herencias también. Todo lo que ingrese al patrimonio de él o la cónyuge salvo pacto en contrario forma parte del peculio de ambos en la sociedad conyugal.

¿Qué régimen matrimonial es el más aconsejable? Imaginemos que una pareja, se casó por el régimen de separación de bienes. Pasaron 10 años y compraron casa, carro, muebles. Uno de ellos se enamora, deciden se separarse, y después de un año o más tiempo, le pide el divorcio al conyugue porque se va a casar con la nueva pareja. Si están por el régimen de Separación de Bienes, él o ella, se llevará legalmente lo que esté a su nombre. Lo cual puede ser la mayoría de los bienes si era el conyugue que trabajaba o ganaba más. Muchas veces, las mujeres se dedican al hogar, para criar y educar a los hijos, por lo cual no perciben salario. Si hay sociedad conyugal, el 50% de todo, ya es de ella independientemente a nombre de quien este y el otro 50% podrá pelearlo como garantía de alimentos a los niños.

ERRORES AL VENDER UN INMUEBLE

El error común de todo propietario es no realizar un avalúo para conocer el valor de su propiedad. Generalmente, cuando queremos vender nuestra casa, siempre tomamos como base, el precio que nos costó y le aumentamos un porcentaje de acuerdo a nuestro criterio. Pero ojo, el avalúo es indispensable para vender o comprar una casa. Es una herramienta necesaria y requisito indispensable ya sea para la compra de una casa o terreno a través de un crédito hipotecario, la inscripción de un contrato privado de compra venta en el Registro Público de la Propiedad y Comercio, o ante el Catastro Municipal.

Conocer el precio oficial de un inmueble, es importante para su venta, al mejor precio posible. Tener ese conocimiento te va a permitir negociar el precio de una casa, ya seas el asesor inmobiliario o el propietario. El asesor inexperto se basará en el precio que le diga el propietario, y comenzará a promover el inmueble, pero al toparse con un cliente que quiere comprar la casa a través de un crédito hipotecario o un cliente que contrate un perito valuador, es posible que salga perdiendo en la venta, o que se demoré la misma por error del asesor, quién quedará exhibido por su falta de conocimiento ante el propietario.

Los propietarios de una vivienda sencilla, quieren ahorrarse el pago de un avalúo, por lo que no lo consideran importante y evitan saltarse ese paso, pero se van a topar con pared y muchas trabas al llevar la documentación ante un Notario Público o al querer inscribir su propiedad en el Registro Público de la Propiedad y Comercio.

El precio de una casa, varía de acuerdo con los índices inflacionarios de una ciudad o estado. Hay que entender los cambios sutiles que se dan en el mercado y la actividad inmobiliaria año tras año. Los propietarios tienden a poner precios que no corresponden a un valor real. Si usted va a vender su casa, contrate los servicios de un arquitecto, o ingeniero civil - para que realice el valor correspondiente.

La mayoría de las familias mexicanas, no tienen en regla la documentación de sus propiedades. Si, la casa no está a nombre del vendedor, ya sea por qué la heredó de sus padres, o no ha terminado de escriturarla a su nombre, va a tener que regularizar la casa, y eso puede llevarle un tiempo considerable, hasta más de un año, lo que retrasará la venta de su propiedad. Un contrato muy útil en este tipo de situaciones es el Contrato de Promesa de Compra Venta, en el cual se puede pedir un anticipo o enganche, para formalizar un compromiso de venta en el futuro y también de esa manera, el vendedor obtendrá el dinero para pagar los tramites de regularización de sus escrituras.

En dicha promesa de compra venta, es importante poner los tiempos, plazos y términos para llevar a cabo dichos tramites, y una vez que se hayan finalizado. Se procederá a formalizar el Contrato de Compra Venta.

En caso de incumplimiento, también es importante poner una cláusula de penalización, la cual no puede ser más alta que el precio de enganche o anticipo otorgado.

Es muy importante, que antes de firmarse el contrato, se investigué la situación legal de la casa, así como los tramites que se realizarán. Una vez formalizado el contrato de compra venta, se dará cuenta en el contrato de todos y cada uno de los documentos legales con que cuenta la casa.

REQUISITOS PARA VENDER UNA CASA

Antes de comprar o vender una casa se deben de reunir los siguientes documentos:

1.- El Certificado de Libertad de Gravámenes emitido por el Registro Público de la Propiedad y Comercio; es el único organismo de publicidad donde se puede consultar a quién pertenece una casa. A través de la base de datos de dicho organismo se hace constar en una hoja de inscripción, la partida registral, el número de folio de derechos reales, el anterior vendedor y el actual propietario, ubicación con lote y manzana, así como las superficie. En el Certificado de Libertad de Gravámenes, el mismo Registro Público, hace constar, si la casa se encuentra libre de todo litigio, deuda, o pago pendiente de hipoteca, no tiene embargos, no está en disputa a través de un juicio o no se encuentra expropiada. Un certificado de libertad de gravámenes, hace constar la situación legal de la propiedad que se pretende comprar. Cualquier persona puede acudir a las oficinas del Registro Público de la Propiedad y Comercio y solicitarlo, o se puede solicitar a través de un Notario Público al momento de estarse llevando a cabo la compra venta.

2.-La Partida Registral. Es el historial de las veces que la casa ha sido vendida, por cada transacción se le asigna un registro.

3.-La Hoja Resumen-HR y Predio Urbano-PU, dichos documentos se deben gestionar en la Municipalidad del Distrito donde esta geográficamente ubicado su inmueble.

4.-Testimonio y Minuta del Inmueble a vender, dichos documentos son lo primero que debe tener el propietario al momento de realizar la compra-venta de su inmueble, ya que estos documentos le dan la legalidad de que usted es el propietario.

5.-El Certificado de Parámetros Urbanísticos y Edificatorios, algunos compradores solicitan este documento con la finalidad de comprar un inmueble para uso de Terreno, en este caso los propietarios que vendan una Casa ubicado en zona residencial o comercial deben contar con dicho documento para hacer mas atractiva su propiedad a la hora de venderla. Dichos documentos se gestionan en la Municipalidad del Distrito donde esta geográficamente ubicado su inmueble.

Toda la documentación apropiada, es vital para la transmisión del dominio de una propiedad. Sin estos requisitos, la operación inmobiliaria no se llevará a cabo.

El artículo 27 de la Constitución Política de los Estados Unidos Mexicanos permite que los extranjeros adquieran inmuebles en México, siempre que convengan ante la Secretaría de Relaciones Exteriores, en considerarse como nacionales respecto de dichos bienes y a no invocar la protección de sus gobiernos por lo que se refiere a aquéllos; bajo la pena, en caso de faltar al convenio, de perder en beneficio de la Nación, los bienes que hubieren adquirido.

La Ley de Inversión Extranjera es la que regula a detalle cómo y en qué casos pueden los extranjeros adquirir inmuebles. Los extranjeros, personas físicas y personas morales, pueden adquirir inmuebles si éstos están fuera de la zona restringida (100 km fronteras, 50 km playas), siempre que previamente obtengan el permiso respectivo de la Secretaría de Relaciones Exteriores.

Ahora bien los extranjeros no pueden adquirir el dominio directo en la zona restringida, en dicha zona sólo podrán adquirir derechos en carácter de fideicomisarios, siempre que previamente la institución de crédito que actúe como fiduciaria obtenga permiso para ello de la Secretaría de Relaciones Exteriores, toda vez que dichas instituciones requieren de dicho permiso y el objeto del contrato de fideicomiso sea permitir la utilización y el aprov͏chamiento de tales bienes, sin constituir derechos reales sobre ellos, a fideicomisarios personas físicas o morales extranjeras o a sociedades mexicanas con cláusula de admisión de extranjeros, en este último caso cuando el fin para el cual se adquiera el inmueble sea residencial.

Estos son los requisitos que tiene que cumplir una persona extranjera para adquirir un inmueble en México por lo que es recomendable que, ante tal acto jurídico, sean asesorados por un abogado o un Notario Público, para asesorarse antes de realizar cualquier adquisición inmobiliaria.

1.- El Permiso. Se debe obtener un permiso previo a extranjeros para adquirir inmuebles en México, el cual es otorgado por el Gobierno mexicano. Este deberá ser solicitado de manera personal en la Secretaría de Relaciones Exteriores a la Dirección General de Asuntos Jurídicos en México, Distrito Federal. El trámite también puede realizarse a través de un represéntate legal que esté habilitado por un poder notarial.

2.- La Solicitud. Debe ser llenada a máquina o a computadora, y presentarse junto con sus anexos en original y dos copias, con los datos del solicitante: nombre, apellido, nacionalidad, número de documento migratorio, calidad migratoria, domicilio (para notificaciones) y los datos de una persona autorizada para recibir la constancia. También tiene que estar firmada por el solicitante y acreditar su condición de estancia.

Además, deberá incluir los datos de la propiedad, es decir, la descripción y ubicación del inmueble, así como el permiso de compra; precisar la forma de adquisición y anexar las indicaciones con lo referente a la superficie, medidas, linderos y colindancias de ésta. Todo con la firma autógrafa del solicitante o en su defecto, del representante.

3.- Las Acreditaciones Extras. Si la solicitud se realiza por medio de un representante legal tendrá que acompañarse con un poder especial para celebrar el convenio, o mediante un poder general que cubra con los requisitos. Por otro lado, si se tratase de una persona moral extranjera, debe acreditarse su existencia legal por medio de la presentación de documentación del país de origen, adecuada y traducida por un perito traductor.

4.- Los Créditos Hipotecarios para extranjeros. Es obligatorio que la compra se haga por medio de una institución bancaria, la cual ofrece beneficios como tasas de intereses fijas, seguros, mensualidades fijas y hasta la oportunidad de cofinanciamiento si es que el interesado trabaja en el país y cotiza para el INFONAVIT o el FOVISSSTE. Dentro de los requisitos básicos para solicitarlo se encuentran:

5.- La comprobación de ingresos lícitos y regulares.

6.- Hacer entrega del formato migratorio FM2 o FM3.

7.- Llevar mínimo una cantidad específica de meses viviendo en México, la cual varía dependiendo del banco

8.- Ser económicamente activo.

9.- Tener más de 18 años de edad.

10.- Tener una antigüedad laboral mínima de 1 año.

LOS EXTRANJEROS PUEDEN COMPRAR PROPIEDADES POR NATURALIZACIÓN.

Si una persona extranjera está casado o casada con un mexicano, puede adquirir la nacionalidad mexicana por naturalización y así tendrá los derechos para comprar propiedades sin necesidad de un fideicomiso. El artículo 27 Constitucional en la fracción I, dice a la letra:

La capacidad para adquirir el dominio de las tierras y aguas de la Nación, se regirá por las siguientes prescripciones:

I. Sólo los mexicanos por nacimiento o por naturalización y las sociedades mexicanas tienen derecho para adquirir el dominio de las tierras, aguas y sus accesiones o para obtener concesiones de explotación de minas o aguas. El Estado podrá conceder el mismo derecho a los extranjeros, siempre que convengan ante la Secretaría de Relaciones en considerarse como nacionales respecto de dichos bienes y en no invocar por lo mismo la protección de sus gobiernos por lo que se refiere a aquéllos; bajo la pena, en caso de faltar al convenio, de perder en beneficio de la Nación, los bienes que hubieren adquirido en virtud del mismo. En una faja de cien kilómetros a lo largo de las fronteras y de cincuenta en las playas, por ningún motivo podrán los extranjeros adquirir el dominio directo sobre tierras y aguas.

Los requisitos para que un extranjero adquiera la nacionalidad mexicana por naturalización son los siguientes:

1.- Ser mayor de edad y en uso de sus derechos civiles.

2.- Presentar original y copia de la solicitud DNN-3, deberás llenarla a máquina o a mano con tinta negra y letra legible;

3.- Llevar el original y dos fotocopias de la tarjeta expedida por la Secretaría de Gobernación que acredite la condición de estancia de residente temporal o residente permanente; al momento de hacer la solicitud tendrás que haber vivido dos años en México y la tarjeta deberá tener una vigencia mínima de seis meses.

4.- Una copia certificada y dos fotocopias del acta de nacimiento extranjera, esta deberá estar legalizada por el representante diplomático o consular mexicano del lugar de su expedición o apostillada por la autoridad competente, así como traducida al español por perito traductor autorizado por el Poder Judicial de cualquier entidad federativa del territorio nacional.

Todos los migrantes reconocidos como refugiados por la Secretaría de Gobernación (COMAR) están exentos del requisito.

5.- Presentar original y dos fotocopias del pasaporte extranjero o, en su caso, del documento de identidad y viaje, vigentes;

6.- Copia certificada y dos fotocopias del Acta de Matrimonio o la Inserción del Acta del Matrimonio en el extranjero, expedida por el Registro Civil. En ambos casos, la fecha del matrimonio debe ser por lo menos de dos años anteriores a la presentación de la solicitud.

7.- Para comprobar la nacionalidad del cónyuge mexicano deberá presentar, alguno de los siguientes documentos:

Copia certificada y dos fotocopias del acta de nacimiento expedida por la Oficina del Registro Civil Mexicano u Oficina Consular Mexicana.

Certificado de nacionalidad mexicana.

Carta de Naturalización.

8.- Declaración bajo protesta de decir verdad, suscrita y presentada personalmente por el cónyuge mexicano ante la Segob de que viven en consuno y que han establecido su domicilio conyugal en territorio nacional, por lo menos durante dos años anteriores a la fecha de la solicitud.

No será necesario que el cónyuge mexicano declare que ha establecido su domicilio conyugal en territorio nacional cuando éste radique en el extranjero por encargo o comisión del gobierno mexicano.

Capítulo VIII

LA HIPOTECA

Es el crédito otorgado por un banco o institución financiera, a un particular o empresa. Teniendo como garantía, un convenio denominado generalmente contrato de apertura de crédito hipotecario, o contrato de apertura de crédito con garantía hipotecaria. El cual es de manera unilateral, es decir, el Banco o la Institución define las cláusulas y requisitos, y el deudor, las acepta incondicionalmente para asegurar el pago del crédito sobre la casa o terreno que está adquiriendo el deudor. La hipoteca es una forma para garantizar un pago a través de un bien inmueble que pertenece al deudor.

La hipoteca se puede realizar con una escritura pública, un bien inmueble como una casa o un terreno y se incorpora en el Registro Público de la Propiedad para que pueda publicitarse la hipoteca, con ello se garantiza el pago del préstamo.

En caso de incumplimiento en los pagos se procederá a recuperar la hipoteca a través de un Juicio Especial Hipotecario, el cual es un recurso judicial que tienen los bancos o una institución de crédito para garantizar el pago de un préstamo ya que, a través de este juicio se recupera la vivienda.

Por lo menos, el 30 por ciento de los casos en los juzgados de primera instancia atienden juicios hipotecarios, los cuales cumplen sentencia a corto plazo, especialmente cuando el deudor no contesta la demanda y omite presentar pruebas, el juicio pasa a sentencia en un periodo de tres meses aproximadamente.

Los bancos, Instituto del Fondo Nacional de la Vivienda para los Trabajadores (INFONAVIT) y Fondo de la Vivienda del Instituto de Seguridad y Servicios Sociales de los Trabajadores del Estado (FOVISSSTE), solicitan el historial crediticio y con base a eso otorgan el préstamo para la apertura un contrato de apertura de crédito hipotecario e hipotecan la casa, para pagar mensualmente a un plazo de veinte años; sin embargo, si incumplen con los pagos, se da el llamado vencimiento anticipado, y ahora se procederá a pagar todo el adeudo ante la demanda para cubrir el crédito hipotecario.

ESTRATEGIAS PARA DEFENDERSE ANTE UN JUICIO ESPECIAL HIPOTECARIO

El deudor al ser notificado de una demanda hipotecaria generalmente no conoce sus derechos y se siente atemorizado de ser desalojado de la propiedad que estaba pagando, sin embargo, es importante que sepa que responder o que decir ante la presencia de un actuario, para que sus derechos sean defendidos de manera correcta. Obviamente que esto no lo exime de pagar la deuda.

En una diligencia de notificación de demanda a un deudor; un actuario adscrito a un Juzgado Civil de Primera Instancia, lo primero que va a hacer es identificarse, le informará de la demanda que existe en su contra y le va a hacer saber que tiene el derecho de constituirse en depositario judicial de la casa hipotecada, por lo que será requerido para que manifieste si acepta o no conservar el cargo de depositario, entendiéndose que si no manifiesta nada, renuncia a ese derecho. Recomendamos que el deudor acepte el cargo de depositario judicial ya que esto significa que mientras dure el proceso legal podrá seguir viviendo en la casa hipotecada.

En caso de que el deudor no acepte el cargo de depositario judicial, lo que hará el representante legal del banco o de la institución financiera, será decir que se le designe a él como depositario judicial y ya teniendo ese cargo tendrá la total libertad para pedir al juzgado, le entreguen la casa para su guardia y custodia, y aquí es cuando el juez, acordará de manera favorable la solicitud de desalojo promovida por el banco, y el deudor será desalojado. Muchas familias, al sucederles esto, piensan que ya perdieron la casa, sin embargo, si el proceso se encuentra en esa etapa inicial, aún se pueden defender sus derechos antes de que se dicte la sentencia.

Otra de las practicas comunes, es que cuando una financiera hipotecaria desaparece generalmente nunca notifica a sus deudores de la quiebra o desaparición, ni tampoco donde seguir pagando, por lo que muchos de ellos caen en el rezago; pueden pasar años, y años, acumulándose los intereses y los pagos. Después, un banco, adquiere la cartera vencida de esas casas y créditos hipotecarios, contrata a varios despachos de abogados que interponen el Juicio Especial Hipotecario, desalojando a deudores que nunca tuvieron conocimiento donde finiquitar la casa, o nunca les fue notificado el cambio de acreedor.

El detalle, es que muchas de esas demandas interpuestas, jamás manifiestan que los deudores fueron notificados de la adquisición de la cartera vencida por parte de un banco.

Defendí a varias personas de esta manera, donde mis clientes, habían adquirido un crédito hipotecario para comprar su casa. Con el pasar de los años, la financiera o hipotecaría quebró o desapareció dejando a sus clientes en la incertidumbre donde continuar con los pagos de la casa. La deuda y los intereses se van acumulando, hasta que un día, son notificados de un juicio especial hipotecario por parte de un banco, lo cuales raramente les notifican a los deudores que su casa ha sido adquirida, sin darles la oportunidad de una reestructuración de su deuda, o saber dónde pueden continuar sus pagos (lo cual es poco probable ante el incremento de la deuda). Sin embargo, este es un derecho personalísimo, que tienen los deudores, cuando firmaron el contrato de apertura de crédito hipotecario. Sí en un Juicio Especial Hipotecario, no se hace esta notificación, al deudor del cambio de acreedor, se puede contestar la demanda con la falta de dicho requisito o interponer un amparo en caso de no haber contestado la demanda.

Así mismo, para notificar el emplazamiento de una demanda de un Juicio Especial Hipotecario, es importante que el actuario adscrito al Juzgado, lo haga personalmente con los deudores. Es requisito legal para que surta los efectos legales de comparecer a un juicio, y en caso de que el actuario, no haya podido hacer la notificación de manera personal a los deudores, ya sea que no los haya encontrado, o que la persona que habite ahí, no tenga ninguna relación con los deudores; en ese caso, los actores de dicho juicio están obligados a notificar el emplazamiento por edictos. De no hacer esto, es nula dicha notificación.

¿CUÁNDO CADUCA LA DEUDA HIPOTECARIA ANTE UN BANCO?

Se le llama la prescripción de la hipoteca, cuando un banco o una institución financiera deja de cobrar el adeudo hipotecario en el tiempo estipulado en el contrato. De tal manera que si en el contrato se fija una fecha de pago por decir un ejemplo, diez años, este tiempo corresponde al tiempo en que caduca la deuda, si esta no hizo ningún cobro.

Si en el contrato no se establece una fecha cierta, de acuerdo con el criterio de la Suprema Corte de Justicia, se establece que el termino o plazo para cobrar la hipoteca será de diez años; de manera que al decirse que la hipoteca dura lo que la obligación que garantiza, sólo se hace referencia al plazo de vencimiento legal o convencional. La acción hipotecaria prescribe por el solo transcurso de diez o veinte años, contados desde que pudo haberse ejercitado con arreglo al título inscrito.

En el caso especial de prescripción de la hipoteca, se parte de la base de que si durante todo ese tiempo señalado por la ley, no se intentó la acción hipotecaria para su exigibilidad. El legislador ha establecido un término de prescripción para la hipoteca, que es independiente del término de prescripción de la obligación garantizada; más la independencia debe entenderse en el sentido de que aquella puede prescribir antes que la deuda, pero nunca sobrevivir a ésta.

La manera de interrumpir el término de prescripción de la acción hipotecaria sólo puede hacerse, de acuerdo con lo expuesto, mediante la demanda en juicio sumario hipotecario, la fijación y el registro de la cédula hipotecaria. En cuanto al dueño y poseedor del inmueble hipotecado, por virtud del emplazamiento a juicio y de la fijación de la cédula, evidentemente que se interrumpirá la prescripción de la hipoteca.

Así se trate de un contrato que tiene garantía hipotecaria, o algún convenio celebrado entre las partes (como convenios judiciales), donde se establezca un plazo voluntario para el pago del adeudo que tiene una garantía hipotecaria, e inclusive si se condenó al pago de la hipoteca mediante sentencia judicial, esto si no se ejecuta durante el plazo de diez años contados a partir de que fue exigible la obligación, es decir que incumplió el deudor con los términos pactados del contrato o convenio, lo cual generan el vencimiento del mismo, dicha hipoteca se volverá inejecutable a favor del deudor.

Conforme decreto, el Pleno de la Suprema Corte de Justicia, mediante tesis publicada en el Semanario de la Federación, con fecha 27 de noviembre del 2015, de rubro,

PRESCRIPCIÓN NEGATIVA, EL PLAZO PARA QUE OBRE RESPECTO DE LA OBLIGACIÓN DE PAGO DERIVADA DE LOS CONTRATOS DE MUTUO, O DE APERTURA DE CRÉDITO CON GARANTÍA HIPOTECARIA O FIDUCIARIA, CELEBRADOS ENTRE EL FOVISSSTE Y UN PARTICULAR, DEBE COMPUTARSE A PARTIR DE QUE EL DEUDOR INCUMPLE SU OBLIGACIÓN DE PAGO Y NO DESDE EL VENCIMIENTO DEL PLAZO ORIGINALMENTE PACTADO.

Es decir que el plazo para exigir el pago de la hipoteca, comienza a transcurrir desde el momento en que se dejó de pagar, o se hizo el último pago, y no a partir del término de los veinte años. La hipoteca desde el momento en que, de conformidad con la tesis jurisprudencial anterior, el acreedor tiene el derecho a que la obligación que se le adeuda, le sea cumplida. Esa obligación es exigible desde el primer vencimiento no pagado, pues de lo contrario se le otorgaría al acreedor a determinar desde que momento una obligación puede reclamarse, lo que rompe con los principios, de seguridad y certeza jurídica, que inspiran al sistema jurídico mexicano, ya que el deudor quedaría, a merced del acreedor con respecto al plazo que tiene para cumplir y para que se le pueda exigir el pago de las obligaciones contraídas, en contravención a las disposiciones civiles relativas al cumplimiento de los contratos no pueden quedar al arbitrio de una de las partes.

Consultar la Jurisprudencia: **HIPOTECA, DURACION DE LA. PRESCRIPCION DE LA ACCION HIPOTECARIA, INTERRUPCION DE LA.**

Capítulo IX

LA CESIÓN DE DERECHOS

En términos sencillos, se dice que existe cesión de derechos cuando una persona cede mediante un contrato o un convenio, los derechos que posee sobre una cosa o bien determinado. Existe la cesión de derechos hereditarios, la cesión de crédito, la cesión de deuda y todo aquello en que una persona posea un derecho.

1.- La Cesión de Créditos. La cesión de un crédito comprende la de todos los derechos accesorios como la fianza, hipoteca, prenda o privilegio, salvo aquellos que son inseparables de la persona del cedente. Los intereses vencidos se presumen que fueron cedidos con el crédito principal. Puede hacerse en contrato privado que firmarán cedente (el que posee los derechos), el cesionario (El que adquiere los derechos) y dos testigos. Sólo cuando la Ley exija que el crédito cedido conste en escritura pública, la cesión deberá hacerse en esta clase de documento. Un ejemplo claro de esto, es cuando una institución financiera que otorgó un número de hipotecas, le cede los créditos a una institución bancaria. Ante la quiebra de muchas hipotecarias, como Su Casita, Metro Financiera, Casas Geo y un sinfín que desaparecieron, muchas de ellas vendieron su cartera vencida (cesión de créditos) a los bancos.

Para que el cesionario pueda ejercitar sus derechos contra el deudor, deberá hacer a éste la notificación de la cesión, ya sea judicialmente, ya en lo extrajudicial, ante dos testigos o ante notario. Es importante que, en la cesión de un crédito, le sea notificado al deudor, de lo contrario, no surtirá sus efectos, y se tendrá por nula si se omitió tal requisito. Mientras no se haya hecho notificación al deudor, éste se libra pagando al primer acreedor con quién se originó la deuda.

Este es uno de los derechos más fundamentales que poseen los deudores, cuando es cedida su hipoteca a un banco. El banco tiene la obligación de notificarles dicha cesión de créditos. De ahora en adelante ellos serán los dueños de la garantía hipotecaria, sus nuevos acreedores por lo cual aquí existe la posibilidad de que el deudor tenga la oportunidad de continuar pagando su casa, en caso de que la institución financiera, o hipotecaría haya desaparecido sin haber un previo aviso donde seguir pagando. Hecha la notificación, no se libra el deudor sino pagando al nuevo acreedor.

El deudor puede oponer al cesionario las excepciones que podría oponer al cedente en el momento en que se hace la cesión. Si tiene contra el cedente un crédito todavía no exigible cuando se hace la cesión, podrá invocar la compensación, con tal que su crédito no sea exigible después de que lo sea el cedido.

La cesión de créditos empezará a surtir sus efectos legales contra los deudores, hasta que:

I.- Sea hecha su inscripción en el Registro Público de la Propiedad; un ejemplo son las hipotecas.

II.- Si se hace en escritura pública, desde la fecha de su otorgamiento;

III.- Si se trata de un documento privado, desde el día en que se incorpore o inscriba en un Registro Público; desde la muerte de cualquiera de los que lo firmaren, o desde la fecha en que se entregue a un funcionario público por razón de su oficio.

Solo tiene derecho para pedir y hacer la notificación, el acreedor que presente el título justificativo del crédito, o el de la cesión, cuando aquél no sea necesario.

2.- La Cesión de Derechos Hereditarios. Se puede transmitir una herencia a diferente persona, ajena a una familia, o igual entre familiares que no tengan nada que ver con la sucesión. Todo dependerá en que estado se encuentre el Juicio de Sucesión Testamentaria (cuando existe un testamento) o el Juicio de

Sucesión Legítima (cuando no existe el testamento). La herencia puede ser repudiada a favor de otro heredero, o también pueden transmitirse los derechos hereditarios a través de un contrato realizado por un abogado particular o a través de Notario Público.

Se dice que se ceden los derechos hereditarios o a una herencia, cuando una persona otorga los beneficios y derechos que le corresponden respecto a una cosa o bien determinado a otra persona a través de un contrato privado o a través de un Notario Público.

Para este tipo de cesión de derechos, es importante que se especifique detalladamente de lo que le corresponde en una herencia, de no hacerlo así, sólo está obligado a responder de su calidad de heredero.

Si el que cede sus derechos hereditarios, se hubiere aprovechado de algunos frutos o percibido alguna cosa de la herencia que cediere, deberá abonarla al que adquiere los derechos hereditarios, si no se hubiere pactado lo contrario. Es decir, si alguien cede una fracción de una parcela agrícola o de una casa, que perciba rentas, sino se dispuso ninguna cláusula respectos a los frutos o las rentas, el que cede no está obligado a dárselas al que adquiere.

El cesionario debe, por su parte, satisfacer al cedente todo lo que haya pagado por las deudas o cargas de la herencia y sus propios créditos contra ella, salvo si hubiere pactado lo contrario.

Si la cesión fuere gratuita, el cedente no será responsable para con el cesionario, ni por la existencia del crédito, ni por la solvencia del deudor.

3.- La Cesión de Deudas. Para que haya sustitución de deudor es necesario que el acreedor lo consienta expresa o tácitamente. Esto es a través de un contrato o por el mero hecho de no oponerse a recibir los pagos del nuevo deudor.

Se presume que el acreedor consiente en la sustitución del deudor, cuando permite que el sustituto ejecute actos que debía ejecutar el deudor, como pago de réditos, pagos parciales o periódicos, siempre que lo haga en nombre propio y no por cuenta del primer deudor.

El acreedor que exonera al antiguo deudor, aceptando otro en su lugar, no puede ejecutar acción legal alguna contra el primero, si el nuevo se encuentra insolvente, salvo que lo hayan estipulado en el contrato.

Cuando el deudor y el que pretenda sustituirlo fijen un plazo al acreedor para que manifieste su conformidad con la sustitución, pasado ese plazo sin que el acreedor haya hecho conocer su determinación, se presume que se rehúsa.

El deudor sustituto queda obligado en los términos en que lo estaba el primer deudor; pero cuando un tercero ha constituido fianza, prenda o hipoteca para garantizar la deuda, estas garantías cesan con la sustitución del deudor, a menos que el tercero consienta en que continúen.

El deudor sustituto puede oponer al acreedor las excepciones que se originen de la naturaleza de la deuda y las que le sean personales; pero no puede oponer las que sean personales del deudor primitivo. Cuando se declara nula la sustitución de deudor, la antigua deuda renace con todos sus accesorios; pero con la reserva de derechos que pertenecen a tercero de buena fe.

4.- La Causahabiencia: La Cesión o Transmisión de Derechos Posesorios.

Este tipo de contrato se da cuando alguien tiene la posesión de una propiedad, pero no el dominio. De acuerdo con los Código Civiles en la República Mexicana, se puede transmitir la posesión de un terreno, acumulándose el tiempo del primer poseedor al nuevo poseedor, al cual también se le denomina causahabiencia. La gente que pretenda prescribir un terreno o casa, puede ceder sus derechos posesorios a un tercero a través de una cesión de derechos, con tal de que ambas posesiones tengan los requisitos legales. Puede ser un terreno, o inclusive hasta una Prescripción Positiva. O algún terreno que aún no se encuentra regularizado ante el Registro Público de la Propiedad, o Catastro del Ayuntamiento Municipal.

¿UN CONTRATO DE CESIÓN DE DERECHOS, ME HACE PROPIETARIO DE UNA CASA?

Un padre de familia, acudió con un agente inmobiliario a comprar una casa a través de un contrato de cesión de derechos posesorios y por tener ese documento pensaba que era propietario de un bien inmueble. El problema le vino cuando quiso regularizar la casa, ya que tuvo que viajar hasta Veracruz para conseguir la firma del dueño anterior y además pagarle un dinero extra para poder poner todo en orden en la casa que había comprado.

Hay que tener mucho cuidado, porque este contrato no te hace propietario de una casa. El dominio de una propiedad, es la titularidad plena y uso libre y legítimo de un bien inmueble, de acuerdo a los usos convenidos por la ley y sin que afecte a terceros.

Un contrato de cesión de derechos posesorios te servirá para realizar una prescripción, ya que deja en evidencia que existe una posesión y por el transcurso del tiempo y las condiciones que fije la ley, podrás adquirir el dominio del bien inmueble, liberando de los vicios que el título original pudiera tener. La clave está en revisar los documentos de la propiedad antes de firmar para saber que se necesita regularizar y así no gastar tiempo, dinero y vueltas.

Antes de firmar un contrato de cesión de derechos posesorios, se deben revisar los antecedentes de propiedad del bien inmueble, para que después no se lleven sorpresas.

La persona que pretenda "vender" a través de este tipo de contrato, es muy probable que no tenga regularizado, ni tampoco tenga plenamente la titularidad de los derechos de propiedad. Esto pone en riesgo y con altas posibilidades de que cuando la persona quiera vender, tenga mayores gastos y problemas que pueden resolverse revisando todo perfectamente.

Capítulo X

LA PRESCRIPCIÓN AQUISITIVA

De acuerdo con la Ley se puede adquirir una casa o terreno de buena fe o de mala fe. De buena fe es cuando nos hacemos cargo de todos los mantenimientos, impuestos y cuidados que requiere una casa, con el paso del tiempo y de manera ininterrumpida. El Plazo es de cinco años. Con todos los documentos e impuestos exhibidos se exhiben ante un Juzgado para acreditar la buena fe. Los conceptos de buena fe y mala fe son relativos al tipo de Derecho que se esté estudiando y/o practicando. Para nuestro caso, la buena fe hace referencia a algún proceso libre engaño y sin malas intenciones, la mala fe es lo contrario, es la alevosía, malicia o temeridad. Este tipo de juicios se le llama de Usucapión o Prescripción Positiva.

Para una familia, un Título de Propiedad ampara su patrimonio. Aquellos Instrumentos Notariales que pueden transmitirse a través de generaciones por los diferentes mecanismos de traslación de dominio. En mi experiencia como abogado he tenido la confianza de representar a familias que se quedaron sin poder escriturar su casa porque la Inmobiliaria, Constructora o Desarrolladora desaparecieron. En algunos casos solo contaban con un contrato de compra venta, en otros casos solo los pagos iniciales, para apartar una propiedad.

REQUISITOS PARA ADQUIRIR DE BUENA FE

-Presentación de la demanda ante el Juzgado.

-Acreditar el acto mediante el cual entro a poseer el terreno o la casa, que le permita ostentarse como dueño o poseedor.

-Probar el tiempo por el que ininterrumpidamente ha estado poseyendo el terreno o la casa. De cinco a diez años según el caso.

-Copia simple de identidad del solicitante.

-Planos de ubicación y perimétricos del inmueble.

En este tipo de requisitos, muchos consideran que puede darse a través de un contrato de cesión de derechos, o un contrato de arrendamiento, pero de acuerdo con los criterios de la Suprema Corte de Justicia, el arrendamiento no es la figura adecuada para prescribir una casa o propiedad. La Cesión de Derechos podría aplicar siempre y cuando hubiere una Cesión de Deuda o Crédito, pero en este caso, el acreedor debe de estar de acuerdo de recibir los pagos a nombre del vendedor.

REQUISITOS PARA ADQUIRIR DE MALA FE

Se le llama mala fe, cuando entramos a poseer una propiedad abandonada sin permiso, o consentimiento del propietario. El termino para adquirir de mala fe, es de diez años. Durante ese tiempo se debe de comprobar que se pagaron los servicios públicos como el impuesto predial, el consumo de agua y servicio eléctrico.

Nuestra posesión debe ser publica, ante los ojos de todos, de manera continua, y pacífica, sin molestar a nadie más en sus propiedades.

-Presentación de la demanda ante el Juzgado.

-Probar el tiempo por el que ininterrumpidamente ha estado poseyendo el terreno o la casa.

-Copia simple de identidad del solicitante.

-Planos de ubicación y perimétricos del inmueble.

Por la prescripción adquisitiva de dominio, se produce la adquisición de "cosas ajenas"; se trata de un modo originario de adquirir la propiedad por efecto de la posesión sobre la cosa durante cierto lapso de tiempo, y cumpliendo con los requisitos que señala la ley. Esta institución jurídica universal, propende por la certeza y estabilidad, desterrando la ambigüedad, protegiendo el ejercicio del derecho y olvidando al negligente el cual sanciona su inercia o incuria; es decir, por la usucapión el estado de hecho del poseedor que se otorgo en el tiempo finalmente se convierte en un estado de derecho. El fundamento de la usucapión, se encuentra en la idea, de que en aras de la seguridad jurídica es aconsejable que dentro de un determinado lapso de tiempo se deba convertir en titular a aquella persona que está ostentando un derecho que no es suyo para así brindar certidumbre a los derechos, dar fijeza a las situaciones jurídicas y, otorgar seguridad jurídica al tráfico de bienes.

¿QUÉ SUCEDE CUANDO QUEREMOS PRESCRIBIR UN TERRENO QUE NO ESTÁ INSCRITO EN EL REGISTRO PUBLICO DE LA PROPIEDAD?

Como hemos mencionado con anterioridad, el Registro Público de la Propiedad y el Comercio, es la oficina de gobierno, donde se encuentran registrados todos los antecedentes de una casa o terreno. A toda propiedad se le asigna un número de folio de derechos reales, así como una partida registral, la cual contiene las operaciones que se han llevado a cabo con dicha propiedad. Vendedores, compradores, hipotecas, embargos toda situación jurídica se encuentra descrita en la partida registral.

Ahora bien, cuando no existe ningún dato del inmueble que queremos prescribir, la acción legal que corresponde es la información Ad Perpetuam. La cual se debe llevar a cabo mediante una figura que se llama Jurisdicción Voluntaria tramitada ante un Juez Civil.

El propósito de esta herramienta que nos otorga la ley, es que cuando no existe ningún propietario de un inmueble, el juez determine a favor de una persona que ha poseído un bien inmueble por el tiempo y las condiciones exigidas para prescribirlo, pero no tiene título de propiedad o teniéndolo no sea inscribible, en el Registro Público de la Propiedad.

Los requisitos para llevarla a cabo son:

1.-Testigos.

2.- Fe de Hechos ante Notario Público.

3.- Dictamen topográfico.

5.- Se sugiere que a través del Juzgado Civil, se solicite la búsqueda ante el Registro Público de la Propiedad y el Comercio, a través de un informe, esto acreditará la veracidad de la persona que pretende prescribir. Ojo, es muy importante verificar que no existe registro alguno a favor de un dueño, antes de promover la Jurisdicción Voluntaria Ad Perpetuam, de lo contrario, no procederá.

Capítulo XI

LA DONACIÓN

La donación es un acto traslativo de dominio no monetario. Se hace a través de un contrato donde el donante transmite hacia un donatario, una propiedad de manera gratuita. Esta es una manera no lucrativa de transmitir, los derechos que poseemos de un terreno o una casa, o propiedad sin necesidad de pagar por ella.

Se considera a la donación pura y gratuita donde no se pone ninguna condición u obligación, es la voluntad del donante, lisa y llana de otorgar algo en beneficio y favor del donatario sin nada a cambio más que la aceptación de aquello que se está donando.

La donación puede ser revocable o irrevocable también. Revocable es cuando en el contrato se estipula en las cláusulas, que el donatario debe de cumplir con ciertas obligaciones para que no se le revoque o sea quitado aquello que le fue donado. La donación puede ser irrevocable, cuando se manifiesta claramente en el contrato que, una vez donada una propiedad o cosa, ya no se puede renunciar a ella.

La donación puede ser limitada o limitada; limitada es, cuando nuestra voluntad de donar se circunscribe a una casa, pero no a las demás propiedades o cosas. La ilimitada es cuando puede ser universal, o general sobre todos los bienes o cosas que posea una persona.

La donación se puede transmitir entre las personas, ya sean familiares o no. Las donaciones entre cónyuges, no pagan el Impuesto Sobre la Renta, el cual las Notarías Públicas retienen cuando se efectúa la compra venta de una casa. Sin embargo, el impuesto que sí se tiene que pagar, en este caso el donatario cuando cambie la propiedad a su nombre es el Impuesto Sobre la Adquisición de Inmuebles (ISAI) Así como también el pago de derechos ante el Registro Público de la Propiedad.

Hubo un caso muy interesante donde un padre donó a su hija, su casa, pero luego pidió revocar ese contrato por la ingratitud de ella que se negó a cuidarlo, a mantenerlo y ejerció violencia contra él. El juez de primera instancia rechazó revocar el contrato. El papá apeló, pero durante ese trámite falleció. La Sala estimó procedente la revocación y ordenó la restitución del inmueble a la albacea. La hija se amparó. La Corte determinó que la protección y garantía de los derechos humanos no desaparece con el fallecimiento de la persona, por lo tanto, procede dar trámite a la apelación del padre. El deber de Gratitud, es un derecho civil que pertenece a la sucesión. Una carga de las donaciones es el deber de gratitud, al haber incumplido generó ese derecho al padre.

Capítulo XII

LA EXPROPIACIÓN

Como lo dijimos al principio, todos los terrenos, suelos, casas, propiedades, sus operaciones jurídicas pertenecen al Estado. Es a través del Estado como se garantiza la propiedad de las personas, ya sea a través de las inscripciones de sus contratos de compra venta en el Registro Público de la Propiedad, el pago del Impuesto Predial, las Escrituraciones a través de un Notario Público o también de manera privada. Todo este conglomerado de operaciones y actos traslativos de dominio se realizan a través del Estado de Gobierno.

Por lo cual, cuando el Estado adquiere una propiedad o propiedades, el procedimiento a efectuarse es la Expropiación, la cual deberá llevarse a cabo y apegarse de acuerdo con los lineamientos por la Ley de Expropiación.

¿QUÉ ES LA EXPROPIACIÓN?

Es el procedimiento jurídico a través del cual, el Estado, el Gobierno Federal, adquiere un predio de un particular o particulares, por causa de utilidad pública pagando por ello una indemnización previo avalúo. A través de la expropiación se construyen hospitales públicos, parques, carreteras, escuelas públicas y todo aquello que sea para un beneficio para la población en general.

La Ley de Expropiación[7] por Causa de Utilidad Pública del estado de Nuevo León lo define de la siguiente manera: "Es el procedimiento del Derecho Público, por el cual, el Estado, obrando unilateralmente, adquiere bienes de los particulares para el cumplimiento de un fin de utilidad pública y mediante indemnización." Efectivamente, así como lo acabamos de leer, toda expropiación trae consigo una indemnización, la cual debe ser estimada de acuerdo a un avaluó.

Aunque es un tema extenso, trataremos de explicar el mecanismo como ocurre la expropiación de un lote de terreno o lotes de terrenos en México. El principio, siempre será a través del Decreto de Expropiación, emitido por el Presidente de la República Mexicana. Este decreto, forzosamente tiene que ser publicado en el Diario Oficial de la Federación, donde se manifiesta detalladamente las manzanas, superficies cuadradas, que se han declarado para uso de utilidad pública, ya sea porque se construirá una carretera federal, o alguna planta de tratamiento de aguas negras, o alguna institución pública. Una vez emitido el Decreto Presidencial, la expropiación se llevará a cabo a través del Gobierno del Estado y el Ayuntamiento Municipal, quiénes llevará a cabo la ordenanza. El Gobierno Federal, no puede transgredir, ni emitir actos de gobierno que afecten la esfera jurídica que solo pertenecen a los Municipios, Estados o Entidades Federativas. Nuestra Constitución Política Mexicana, nuestro país es una entidad federal constituida libremente por treinta y dos entidades federativas y un Distrito Federal

Estos Municipios y Estados, tienen sus gobiernos elegidos democráticamente, quienes tienen diferentes áreas y una de ellas, a través de la cual se lleva a cabo la expropiación son las Oficinas Reguladoras de la Tierra, como lo es, o era la Comisión Reguladora de la Tenencia de la Tierra, y ahora Instituto del Suelo Sustentable. De tal manera que en una expropiación funcionan los tres niveles de gobierno, el federal, estatal, y municipal

Una vez, coordinados estos tres niveles, a través de sus dependencias correspondientes al patrimonio inmobiliario, se procede a utilizar la Fe Publica de un Notario (el cual generalmente va acompañado de la fuerza pública) y que les notificará a los particulares, el decreto donde debe de venir especificado, el tiempo y el plazo que tienen para desocupar así como el monto de la indemnización que el Estado pagará por las casas de acuerdo con la Fracción III, del artículo 2º, de la Ley de Expropiación:

III. Los interesados tendrán un plazo de quince días hábiles a partir de la notificación o de la segunda publicación en el Diario Oficial de la Federación para manifestar ante la Secretaría de Estado correspondiente lo que a su derecho convenga y presentar las pruebas que estimen pertinentes.

El Notario Público levantará un acta donde una vez notificados todos y cada uno de los ocupantes, se procederá a la desocupación del inmueble, puede ser en el momento o también se les otorgará un plazo o termino para desocupar las propiedades.

Ante la expropiación no existe juicio alguno que lo detenga o suspenda. Los recursos jurídicos, que proceden, uno de ellos es el amparo en contra del monto de la indemnización que el Estado está pagando al particular. Aquí es donde algunos abogados se equivocan al asesorar a sus clientes con la interposición del amparo por la vía civil, ya que como lo mencionamos, un decreto de expropiación, jurídicamente no existe recurso alguno que lo suspenda (aunque no por eso dejen de existir otros medios como más adelante expondremos.). El amparo ante la expropiación procede en cuanto a la cantidad a indemnizar no corresponde al valor del inmueble, ahí es donde se contratan a los peritos valuadores para que se ajuste el precio de acuerdo con la Ley de Expropiación:

Artículo 5o.- Dentro de los diez días hábiles siguientes a la notificación del decreto correspondiente, los interesados podrán acudir al procedimiento judicial a que se refiere el artículo 11 de la presente Ley. El único objeto del procedimiento a que se refiere el párrafo anterior será controvertir el monto de la indemnización y, en su caso, exigir el pago de daños y perjuicios.

El Derecho Administrativo, es la vía correcta para interponer un juicio por la falta de indemnización o cualquier otro tipo de inconformidad. Muchos piensan que el Derecho Civil es el que regula este tipo de juicios, pero nada más equivocado ya que el Derecho Civil es la vía que regula los actos jurídicos civiles entre particulares, pero recordemos que el Estado, no es un particular. El Estado es una persona atemporal, constituida por un conjunto de funcionarios públicos que representan al Gobierno, y el buen funcionamiento de la administración del Territorio y la Población.

El Derecho Administrativo por ser parte del Derecho Público, es la materia correcta. Es el conjunto de normas y leyes que regulan los actos jurídicos que celebran los gobernados contra las instituciones de gobierno, el cual se lleva ante el Tribunal Contencioso y Administrativo, uno de esos recursos jurídicos es el llamado Decreto Reversivo, donde se le notifica al Estado también a través del Diario Oficial del Estado.

No olvidemos también la expropiación de una casa cuando ha sido utilizada para fines del crimen organizado en la cual ya opera la Ley de Extinción de Dominio, pero ese ya es otro tema.

¿CUANTO SE DEBE PAGAR POR UNA CASA CUANDO ES EXPROPIADA?

Para determinar el monto de la indemnización deberá atenderse al valor, ya sea fiscal o comercial, que tenían los bienes en la época en que se efectuó la expropiación, suma que deberá ser actualizada empleando el Índice Nacional de Precios al Consumidor, con la finalidad de contrarrestar la desvaloración de la moneda con el paso del tiempo transcurrido entre la expedición del Decreto y el pago. El artículo 20 de la Ley de Expropiación dice a la letra:

"Artículo 20.- La indemnización deberá pagarse en moneda nacional a más tardar dentro de los cuarenta y cinco días hábiles siguientes a la publicación del decreto de expropiación, sin perjuicio de que se convenga su pago en especie. Salvo en los casos a que se refiere el artículo 8o de la Ley, la autoridad podrá proceder a la ocupación del bien o a la disposición del derecho objeto de la expropiación una vez cubierto el monto de la indemnización fijado en el avalúo.

En caso de que el afectado controvierta el monto de la indemnización, se estará a lo dispuesto en el artículo 11 del presente ordenamiento. Esta circunstancia no será impedimento para que la autoridad proceda a la ocupación del bien o a la disposición del derecho expropiado.

La indemnización por la ocupación temporal o por la limitación de dominio consistirá en una compensación a valor de mercado, así como los daños y perjuicios, si los hubiere, que pudieran ocasionarse por la ejecución de dichas medidas, misma que deberá pagarse conforme al plazo referido en el párrafo primero de este artículo."

UN PROBLEMA ACTUAL

El veinticinco de noviembre de mil novecientos ochenta y dos fue promulgado un Decreto Expropiatorio donde se ordenaba expropiar 20,000.00 m2 de lotes de terrenos, en el poblado de Aguas Blancas, Municipio de Acapulco, Guerrero para la construcción de una Planta Tratadora de Aguas Negras. El Gobierno del Estado de Guerrero a través del Fideicomiso Acapulco, ejecutó la expropiación dictada en aquel entonces por el Presidente José López Portillo, y que fue publicada en el boletín Judicial del Diario Oficial de la Federación el veintinueve de noviembre de mil novecientos ochenta y dos.

La oposición de los habitantes a que fueran expropiadas sus casas, se hizo evidente ante el Gobierno Federal. Los expropiados, promovieron también un amparo, que a la larga no prosperó, pero después de varias manifestaciones y oposiciones de los vecinos, lograron detener la expropiación mediante un acuerdo entre gobernados y autoridad. Dicho proyecto de expropiación fue modificado en el año de mil novecientos ochenta y cinco, por el Gobierno Federal, quién, convino en comprar la bien inmueble propiedad de Don Jesús Escudero Acosta, conocido como Empresas Líneas Unidas Del Sur S. A. De C. V. Celebrándose el Contrato de Compra Venta con fecha veinticinco de junio del mil novecientos ochenta y siete del Distrito Federal, en el volumen once trescientos veintiuno; ante el Notario Público número 87 del Distrito Federal y del Patrimonio Inmueble Federal, actuando como asociado en el Protocolo del Notario Diez y del Patrimonio del Inmueble Federal, Licenciado Don Francisco Lozano Noriega, los cuales hicieron constar la compra venta del Gobierno Federal representado en aquel entonces por la Secretaria De Desarrollo Urbano y Ecología, Banco Nacional De Obras y Servicios Públicos S.N.C. en su carácter de fiduciario del Fideicomiso Acapulco intervinieron en el contrato que celebraron con el c. Jesús Escudero Acosta como vendedor; por lo que se hizo la inscripción en el Registro Público de la Propiedad y el Comercio en Acapulco, Guerrero; con la entrada 518 y de fecha siete de febrero de mil novecientos ochenta y cinco, donde el c. Director general y Delegado Fiduciario Especial del Fideicomiso Acapulco, mediante oficio dirigido al Registro Público de la Propiedad y Comercio en Acapulco, Guerrero con número de fecha primero de febrero de mil novecientos ochenta y cinco; ordena que se haga la anotación registral donde el proyecto de la expropiación ha sido modificado, donde una vez que se terminara la construcción de la planta tratadora de aguas negras, se efectuarían los trámites para solicitar el decreto de reversión a favor de las otras propiedades no utilizables.

Es hasta el día de hoy que los expropiados de manera parcial, lograron detener una expropiación, pero el problema persiste ya que hasta el día de hoy no han sido debidamente indemnizados ni tampoco fueron notificados cuales serían los predios que se utilizarían para la construcción de la Planta Tratadora de Aguas Negras, por lo que el Gobierno del Estado y el Fideicomiso Acapulco.

Capítulo XIII

LA INTELIGENCIA ARTIFICIAL EN LAS BIENES RAÍCES

La Inteligencia Artificial está revolucionando distintas áreas de nuestra vida diaria y en los países como España comienza a integrarse a funciones inmobiliaria, como la certificación de fedatarios públicos en escrituras y credenciales de identificación los cuales servirán para verificar la autenticidad de personas o documentos ante la duplicidad que puede generar la Inteligencia Artificial.

En nuestro país, recién se está legislando sobre este tema, la Ley de Ciberseguridad en México tendrá que ver en el futuro para intervenir sobre posibles fraudes o duplicidades en materia inmobiliaria.

En España se llevo a cabo en el mes de octubre del 2023, el VII Congreso Nacional de los Registradores de España, en Guía de Isora, Tenerife y una de las ponencias participó el abogado, consultor, profesor universitario Borja Adsuara, experto en derecho digital, privacidad y protección de datos donde en la mesa de trabajo *Digitalización y Seguridad Jurídica* expuso la importancia de los Registradores (Notarios Públicos en México) en la siguiente era digital de la Inteligencia Artificial, ya que tendrán que aprender a utilizarla para la digitalización de contratos electrónicos y registros digitales. Estas serán las áreas que los Notarios Públicos y aún el mismo Registro Público en México tendrán que vislumbrar y crear las herramientas para proteger derechos e inscripciones, yo me atrevo incluso a agregar que la misma Ley de Ciberseguridad en México tiene que contemplar. Aunado a la digitalización de identidades de ciudadanos, empresariales, e institucionales como los Tribunales Electrónicos que ya son una realidad en nuestro país tendrán que tener una huella clara de autenticidad digital o identidad digital para que no sea una copia hecha por la Inteligencia Artificial.

En el Instituto Nacional Electoral, laexpedición de credenciales ya se expiden digitalizadas con el código QR, así como el Registro Público también ya cuenta con partidas registrales con firma electrónica, al igual que los acuerdos en los Juzgados ya se encuentra la digitalización de expedientes y juicios. El Gobierno Federal debe de crear una institución o departamento o sección, que proteja los Derechos Digitales de personas, patrimonios o empresas.

No obstante en la red, existen inmobiliarias falsas o asesores inmobiliarios falso que pagan publicidad sin contar con una identidad digital que los certifique como empresas o personas físicas. Google se encuentra más aventajado que otras plataformas digitales, ya que para pagar un anuncio publicitario solicitan la verificación de la empresa o persona física a través de documentos como la Cedula de Identificación Fiscal.

El abogado español Borja Adsuara, quien ha participado en la redacción de leyes españolas en el tema digital, también sugiere el termino **Derecho al Pseudonimato**, el cual consiste el derecho que tienen las personas a la intimidad y el del secreto de las comunicaciones, en México existe el **Principio de la Inviolabilidad de las Comunicaciones**, el cual está prohibido o no se permiten exhibir correos electrónicos, conversaciones privadas de WhatsApp, estados privados de Facebook o cualquier otra plataforma en un juicio, a menos que sea ordenado por un Juez, ya que este principio protege la privacidad de las comunicaciones entre personas o empresas.

En el penúltimo párrafo del artículo 16 de la Constitución Política de los Estados Unidos Mexicanos, se señala que la correspondencia que bajo cubierta circule por las estafetas estará libre de todo registro. Sin embargo, la expresa referencia a las comunicaciones postales no debe interpretarse como una relación cerrada. En primer término, es necesario señalar que nuestra Constitución no limita los medios a través de los cuales se puede producir la comunicación objeto de protección del derecho fundamental en estudio. Esto resulta acorde con la finalidad de la norma, que no es otra que la libertad de las comunicaciones, siendo que ésta puede ser conculcada por cualquier medio o artificio técnico desarrollado a la luz de las nuevas tecnologías. Del tradicional correo o telégrafo, pasando por el teléfono alámbrico y el teléfono móvil, hemos llegado a las comunicaciones que se producen mediante sistemas de correo electrónico, mensajería sincrónica o instantánea asincrónica, intercambio de archivos en línea y redes sociales. Las posibilidades de intercambio de datos, informaciones y mensajes se han multiplicado por tantos programas y sistemas como la tecnología es capaz de ofrecer y, por lo tanto, también las maneras en que dichos contenidos pueden ser interceptados y conocidos por aquellos a quienes no se ha autorizado expresamente para ello. En definitiva, todas las formas existentes de comunicación y aquellas que sean fruto de la evolución tecnológica, deben quedar protegidas por el derecho fundamental a la inviolabilidad de las comunicaciones privadas. Tesis Jurisprudencial: **DERECHO A LA INVIOLABILIDAD DE LAS COMUNICACIONES PRIVADAS. MEDIOS A TRAVÉS DE LOS CUALES SE REALIZA LA COMUNICACIÓN OBJETO DE PROTECCIÓN.**

BIBLIOGRAFÍA

1.- Enciclopedia Jurídica Omeba

2.- Constitución Política de los Estados Unidos Mexicanos.

3.- Apuntes de Derecho Inmobiliario. Doctor Othón Pérez Fernández del Castillo.

4.- Código Civil para el Distrito Federal.

5.- Código Civil Federal.

6.- Ley de Expropiación.

7.- Código Penal Federal.

8.- Confilegal: *La Inteligencia Artificial no sustituirá a los registradores pero tendrán que aprender a utilizarla bien.*